Le grand livre du Kāma Sūtra

Si vous souhaitez recevoir notre catalogue
et être tenu au courant de nos publications,
envoyez-nous vos nom et adresse, en citant ce livre
et en précisant les domaines qui vous intéressent.

Éditions SOLAR
12, avenue d'Italie
75013 PARIS

ISBN : 2-263-026568
Code éditeur : S 02656
Dépôt légal : septembre 1997
Imprimé en Espagne

Le grand livre du
Kāma Sūtra

SOLAR

Somm

a i r e

AVANT-PROPOS

Le *Kama Sutra* (« Traité des plaisirs de l'amour ») est dû à Vatsyayana, un lettré qui vivait sans doute au IVe ou Ve siècle de notre ère. Ce n'est pas une œuvre originale au sens où on l'entend généralement, mais une synthèse élaborée, commentée et mise en pratique par l'auteur, comme il le suggère, de tout ce qui a été dit et écrit sur le sujet, à parfois plus d'un millénaire de distance. Ainsi s'expliquent les nombreuses allusions à des textes ou auteurs connus des seuls érudits.

La place que tiennent les descriptions minutieuses des différentes techniques amoureuses, le fait souvent considérer comme l'ouvrage de référence en ce domaine. Mais, dans l'Inde ancienne, on ne traçait aucune frontière entre l'amour profane et l'amour sacré. L'extase charnelle était considérée comme une des manifestations du flux de la vie, un acte spirituel, car d'origine divine, et l'un des moyens privilégiés d'accéder à la connaissance suprême.

Le texte semble un reflet fidèle de l'idéal de vie amoureuse du public auquel il s'adresse : le citadin fortuné, ami des arts, enrichi par le commerce, ou le fonctionnaire de la Cour, seul à disposer des loisirs et des relations nécessaires à une étude approfondie de l'art d'aimer.

Quel horrible châtiment ce serait si, à la suite d'une réincarnation fâcheuse, il se retrouvait dans la peau d'un bourgeois de l'Inde actuelle, où la censure cinématographique interdit aux amants de s'embrasser sur la bouche ! Comment pourrait-il oublier que, jadis, on appelait un chat un chat, un sexe un sexe, et le corps le plus merveilleux objet de la création ?

Une fois marié, le riche citadin n'en poursuivait pas moins sa quête érotique – au sein de sa caste, s'entend, car nous sommes en Inde. Si la femme d'autrui et la jeune fille constituaient des proies d'amour toutes désignées, la courtisane semble être celle qui symbolisait le mieux l'esprit de l'époque. Femme de tête autant que de plaisir, initiée aux arts, amie des princes, nouant des relations à tous les niveaux de la société, elle est le joyau d'une conception de l'existence intuitivement nourrie par le besoin d'harmoniser les trois composantes irréductibles de la nature humaine : le besoin de croire, le besoin de se perpétuer, le besoin d'aimer enfin, que La Fontaine a su résumer, à sa manière : « Foutre sans amour est peu de chose, mais amour sans foutre n'est rien. »

Lu sous cet éclairage, le plus célèbre manuel de savoir-vivre amoureux nous rappelle que la rencontre entre l'homme et la femme, au-delà de sa dimension érotique, entrouvre une porte sur l'infini mystère de l'être.

LE BUT DE LA VIE

L'homme, dont la période de vie est de cent années, doit les consacrer à pratiquer Dharma (la recherche de la vertu), Artha (la recherche des biens et l'acquisition des arts) et Kama (l'amour) à différentes époques, de telle manière qu'ils puissent s'harmoniser entre eux sans se nuire. Il doit acquérir de l'instruction dans son enfance ; dans la jeunesse et l'âge mûr, il s'occupera d'Artha et de Kama ; c'est à l'âge adulte que la pratique de Kama doit être prédominante ; dans la vieillesse, il poursuivra Dharma.

Étant donné l'incertitude de la vie, il peut pratiquer ces trois choses aux époques qui lui seront spécifiées.

La pratique de Dharma consiste à faire certaines choses et à refuser d'en faire d'autres. Elle est enseignée par les textes sacrés (*Shastra*).

Artha est enseigné par la fréquentation des négociants, et de ceux qui connaissent l'art des semailles ou de l'élevage.

Kama est la jouissance d'objets appropriés, par les cinq sens de l'ouïe, du toucher, de la vue, du goût et de l'odorat, assistés de l'esprit uni à l'âme.

Kama est enseigné par les *Kama Sutra* (« Traité des plaisirs charnels ») et par la pratique des citoyens (il s'agit ici, essentiellement, des membres des castes aisées, brahmanes, négociants, ou guerriers).

Quand tous les trois, Dharma, Artha et Kama, sont réunis, le précédent est meilleur que le suivant ; c'est-à-dire : Dharma est meilleur qu'Artha et Artha est meilleur que Kama. Mais Artha doit toujours être pratiqué d'abord par le roi, car c'est d'Artha seul que dépend la subsistance du peuple. De même, Kama étant l'occupation des femmes publiques, elles doivent le préférer aux deux autres. Ce sont là les exceptions à la règle générale.

Est-il utile d'enseigner Kama ?

Plusieurs lettrés disent que, Dharma se rapportant à des choses invisibles en ce monde, il peut convenablement en être traité dans un livre ; comme aussi d'Artha, parce que la pratique en est possible seulement par l'application de certains moyens, dont la connaissance ne s'acquiert que par l'étude et les livres. Mais Kama, étant une chose pratiquée même par la création brute et qui se voit partout, n'a aucunement besoin d'une théorie pour l'enseigner.

Cela n'est pas exact. Le commerce sexuel étant une chose dépendante de l'homme et de la femme, il requiert l'application de certains moyens enseignés par les *Kama*

Kama est la jouissance d'objets appropriés, par les cinq sens de l'ouïe, du toucher, de la vue, du goût et de l'odorat, assistés de l'esprit uni à l'âme.

Shastra. La non-application de moyens spéciaux, que nous remarquons dans la création brute, est due à ce que les animaux n'ont pas d'entraves ; à ce que leurs femelles ne sont propres au commerce sexuel qu'à certaines saisons, sans plus ; enfin, à ce que leur rapprochement n'est précédé d'aucune sorte de pensée.

Les matérialistes *(lokayatikas)* disent : « Les commandements religieux ne doivent pas être observés, car le profit qu'on tire à les observer est plus que douteux. Mieux vaut un pigeon aujourd'hui qu'un paon demain, une pièce de cuivre authentique qu'une pièce d'or d'origine incertaine. »

À cela, on pourra rétorquer que le soleil, la lune, les étoiles, les planètes et autres corps célestes paraissent opérer intentionnellement pour le bien du monde.

Nous voyons qu'on sème de la graine dans la terre avec l'espoir d'une moisson future. Vatsyayana, en conséquence, estime qu'il faut obéir aux commandements religieux et avoir un comportement conforme aux règles sociales (respecter la hiérarchie des quatre castes : brahmanes, guerriers, commerçants et paysans, domestiques et hors-castes, *dhalits*).

Ceux pour qui le Destin décide de tout disent : « Il est inutile de chercher à acquérir des biens, car souvent on ne les acquiert pas en dépit de tous nos efforts, et parfois la richesse nous vient sans qu'on l'ait cherchée. »

Selon Vatsyayana, l'acquisition d'un objet quelconque présuppose dans tous les cas un certain effort ; de même, l'application des moyens convenables peut être considérée comme la cause de toutes nos acquisitions. Il s'ensuit qu'une personne qui ne fait rien ne goûtera aucun bonheur.

Certains pensent que la recherche des plaisirs fait obstacle à la pratique de la vertu (Dharma) ou à l'enrichissement (Artha), qui tous les deux leur sont supérieurs. Il est notoire qu'une foule d'hommes exclusivement adonnés aux plaisirs ont fait le malheur de leurs proches, sans même parler du leur propre.

Cette objection ne tient pas, car les plaisirs, étant aussi nécessaires que la nourriture à l'existence et au bien-être du corps, sont par la suite également légitimes. Ils sont, de plus, les résultats de Dharma et d'Artha. D'ailleurs, il convient d'apporter dans les plaisirs de la modération et de la prudence. Personne ne s'abstient de cuire des aliments parce qu'il y a des mendiants pour les demander, ou de semer des grains parce qu'il y a des bêtes pour détruire le blé quand il est mûr.

Donc, un homme qui pratique Dharma, Artha et Kama goûte le bonheur à la fois dans ce monde et dans le monde à venir. Les gens de bien pratiquent les actes dont le résultat ne leur inspire aucune crainte dans le monde à venir, et qui n'offrent aucun danger pour leur bien-être. Tout acte qui conduit à la pratique de Dharma, Artha et Kama réunis, ou de deux, ou même d'un seul, doit être exécuté ; mais il faut s'abstenir d'un acte qui conduirait à la pratique d'un seul aux dépens des deux autres.

Les plaisirs, étant aussi nécessaires
que la nourriture à l'existence
et au bien-être du corps, sont légitimes.

DE L'ÉDUCATION

L'art érotique fait partie de l'éducation de l'homme de bien, dans notre cas, du citadin fortuné qui a suffisamment de loisirs. Les jeunes filles ne doivent pas être exclues de ce savoir. Elles s'y familiariseront avant leur mariage, et en poursuivront l'étude par la suite, avec l'accord de leur mari.

Certains savants voudraient interdire cette pratique, mais Vatsyayana est d'un avis contraire. Selon lui, les femmes connaissent déjà la pratique des *Kama Sutra*, pratique qui dérive des *Kama Shastra*, ou de la science de Kama lui-même. Il en va de même dans beaucoup d'autres domaines, où la pratique se passe de la théorie, ainsi en est-il de la grammaire, ou de l'astrologie. Ainsi, certains pratiquent les offrandes aux dieux bien qu'incapables de lire aucun traité. Les conducteurs de chevaux ou d'éléphants dirigent ces animaux uniquement par l'habitude qu'ils en ont.

Une femme, par conséquent, doit apprendre les *Kama Shastra*, ou tout au moins une partie, en étudiant leur pratique sous la direction de quelque amie intime ou personne de confiance. Elle doit étudier, en un lieu isolé, les soixante-quatre pratiques (cela va de la médecine des bovins au tir à l'arc, en passant par l'art culinaire, la musique instrumentale, l'arrangement décoratif, la magie, la menuiserie, la couture ou l'art de parler en changeant la forme des mots), simultanément avec les *Kama Sutra*.

Une prostituée, douée de bonnes dispositions, dont la beauté se pare de nombreux autres attraits, également versée dans les soixante-quatre arts d'agrément, reçoit le nom de *ganika*, ou courtisane de haut rang. Dans une société d'hommes, elle a droit à un siège d'honneur. Elle s'attire le respect du roi et de ses ministres, elle est chantée par les poètes, courtisée par tous, elle est l'objet d'une considération universelle. Pareillement, la fille d'un roi, ou celle d'un ministre, si elle possède les arts ci-dessus, peut s'assurer la préférence de son époux, lors même que celui-ci aurait des milliers d'autres femmes. Ajoutez à cela que, si une femme vient à être séparée de son mari, et tombe dans la misère, elle peut aisément gagner sa vie, même à l'étranger, grâce à la connaissance de ces arts. Leur connaissance seule ajoute à l'attrait d'une femme, bien que leur pratique soit seulement possible dans des circonstances bien particulières. Un homme versé dans ces arts, s'il est beau parleur et au fait des bonnes manières, conquiert rapidement le cœur des femmes, même après un temps de relation très bref.

Une femme doit apprendre les kama shastra, sous la direction de quelque amie intime ou personne de confiance.

DE LA JOURNÉE DE L'HOMME DE BIEN

Riche par héritage ou habileté commerciale, le chef de famille aura pris soin d'installer sa demeure dans une ville ou un gros bourg, dans un voisinage de son rang, ou dans un lieu très fréquenté. Cette résidence sera située près d'un cours d'eau et comportera plusieurs appartements séparés, dont l'un extérieur et l'autre intérieur. Elle sera entourée d'un jardin.

L'appartement intérieur sera réservé aux femmes ; l'autre, embaumé de riches parfums, renfermera un lit, moelleux, agréable à l'œil, couvert d'un drap de parfaite blancheur, peu élevé en son milieu, surmonté de guirlandes et de fleurs, avec un baldaquin au-dessus, et deux oreillers, l'un à la tête, l'autre au pied. Il y aura aussi une sorte de sofa ou lit de repos, et à la tête une crédence où seront placés les onguents parfumés pour la nuit, des fleurs, des pots de collyre et autres substances odoriférantes, des essences servant à parfumer l'haleine et des écorces de citron. Près de ce sofa, sur le plancher, un crachoir à bétel, une boîte à parures, et aussi une vina (luth) pendue à une défense d'éléphant, une table à dessiner avec ses accessoires, un pot de parfum, quelques livres et des guirlandes d'amarantes jaunes. Un peu plus loin sur le plancher, on trouvera un siège rond, une boîte à jeux et une table à jouer aux dés ; en dehors de l'appartement extérieur seront des volières (cailles, perdrix, perroquets, sansonnets, etc.) et une salle séparée pour filer, sculpter le bois, et autres divertissements similaires. Une balançoire tournante et une ordinaire seront installées dans le jardin ; puis un berceau de plantes grimpantes couvert de fleurs, avec un banc de gazon où s'asseoir. Les lieux d'aisance seront situés un peu à l'écart.

Tôt levé, l'excellent citoyen, après avoir satisfait à ses besoins naturels, se lavera les dents, s'appliquera sur le corps, en quantité modérée, des onguents et des parfums, mettra du collyre sur ses paupières et sous ses yeux, colorera ses lèvres avec de l'*alacktaka* (pigment tiré de la laque) et observera le résultat dans son miroir. Ayant mangé quelques feuilles de bétel et d'autres friandises qui parfument l'haleine, il vaquera à ses affaires habituelles.

Chaque jour, il devra se baigner, s'oindre le corps avec une huile tous les deux jours, s'appliquer tous les trois jours une sorte de laque savonneuse, se faire raser la tête, y compris le visage, tous les quatre jours, et les autres parties du corps, y compris les aisselles et le pubis, tous les cinq à dix jours. Il veillera à toujours être parfumé pour masquer les odeurs de sueur sous les aisselles. Les trois repas quotidiens seront pris le matin, à midi, et le soir.

Ayant mangé quelques feuilles de bétel,
il vaquera à ses affaires habituelles.

Après déjeuner, il s'occupera d'apprendre à parler à ses perroquets et autres volatiles ; puis il assistera à des combats de cailles, de coqs ou de béliers. L'heure viendra de faire un brin de conversation avec son homme à tout faire, sorte d'intendant du domaine, et un compagnon de plaisir, connu pour ses talents de pique-assiette, ou son secrétaire, dont tout le charme tient au ridicule assumé de la conduite. Viendra l'heure de la sieste, qui précède la venue des amis, que le chef de maison accueillera richement vêtu. Dans le salon de réception, ils chanteront et feront de la musique. Puis, retourneront dans la maison d'habitation pour attendre la venue des femmes invitées, ou de sa maîtresse, qu'ils complimenteront et qui saura leur répondre avec grâce et entrain, prélude à une nuit d'amour.

Lorsque des hommes de mêmes âge, dispositions et talents, ayant le goût des mêmes plaisirs, avec le même degré d'éducation, se réunissent en compagnie de courtisanes, ou dans une assemblée de citoyens, ou au domicile de l'un deux, pour y tenir ensemble d'agréables conversations, cela s'appelle une réunion de société. On s'y amuse notamment à compléter des vers à moitié composés par d'autres, et à éprouver l'instruction de chacun dans les différents arts. Les femmes d'une grande beauté, ayant des goûts analogues à ceux des hommes et tout ce qu'il faut pour captiver les cœurs, ne manquent jamais d'être honorées dans ces réunions.

Dans la matinée, les hommes, après s'être habillés, se rendront à cheval aux jardins, accompagnés de femmes publiques, suivis de leurs domestiques. Ils passeront le temps en aimables distractions, telles que combats de cailles, de coqs ou de béliers, et autres, puis s'en retourneront chez eux les bras chargés de bouquets de fleurs.

En été, ils iront se baigner dans une eau dont on aura préalablement retiré tous les animaux dangereux et qui aura été empierrée de tous côtés.

Ainsi, un citoyen qui réside dans sa ville ou son village, respecté de tous, entretiendra des relations avec les personnes de sa caste qui méritent d'être fréquentées. Il conversera dans leur compagnie et fera profiter ses amis de sa société. En leur rendant des services, il les induira, par son exemple, à s'obliger de même les uns les autres.

Il y a, sur ce sujet, quelques versets dont voici le texte :

« Un citoyen capable d'avoir une conversation de bonne tenue dans une autre langue que la langue sanscrite, ou sans utiliser les dialectes du pays, s'attire un grand respect. Le sage ne doit pas s'affilier à une société que le public méprise, qui n'est gouvernée par aucune règle, et qui tend à la destruction des autres. Mais un homme savant, affilié à une société dont les actes sont au gré du peuple, et qui a pour unique objet le plaisir, est hautement respecté dans ce monde. »

Les femmes ayant des goûts analogues à ceux des hommes ne manquent jamais d'être honorées dans ces réunions.

DE L'ATTIRANCE ENTRE LES SEXES

S'agissant d'une femme mariée dont un homme s'éprend, il est des cas où il est permis de s'unir à elle si la vie de l'homme est véritablement en danger, si le mal d'amour ne guérit pas, et au contraire augmente peu à peu d'intensité. On dénombre dix symptômes d'une aggravation du mal d'amour, énoncés par ordre d'importance croissante : amour des yeux ; attachement de l'esprit ; obsession ; insomnie ; perte d'appétit ; dégoût des plaisirs et des divertissements ; oubli de toute décence ; comportement proche de la folie ; défaillances cardiaques ; mort.

D'anciens auteurs disent qu'un homme doit se rendre compte des dispositions, de la sincérité, de la pureté et des instincts d'une jeune femme, comme aussi de l'intensité ou de la faiblesse de ses passions, en observant la forme de son corps, et à certains indices ou habitudes de comportement. Mais Vatsyayana estime, lui, que le physique et les signes ou marques caractéristiques ne sont ici que des indices trompeurs, et qu'il faut juger les femmes d'après leur conduite, leur manière de s'exprimer et les mouvements de leur corps.

Maintenant, en règle générale, Gonikaputra dit qu'une femme s'éprend de tout bel homme qu'elle voit, et de même fait l'homme à la vue d'une belle femme ; mais, souvent, ils n'iront pas plus loin, pour divers motifs.

En amour, la femme éprise fait peu de cas des notions de bien ou de mal ; elle aime sans calcul et n'essaie pas de conquérir un homme pour une raison matérielle. Par contre, sa nature la pousse à garder ses distances avec l'homme qui l'aura abordée le premier, même si elle le désire. Mais, si l'homme se montre persévérant, elle finira par se donner. L'homme amoureux, au contraire, tentera de faire barrage à ses sentiments par des considérations d'ordre moral ou en invoquant ses responsabilités. Il aura beau être obsédé par une femme, il ne lui cèdera pas. Si, quelque fois, il fait de son côté un effort pour conquérir l'objet de son affection, et qu'il échoue, il ne s'en préoccupera plus. Il arrive aussi qu'une fois la femme conquise il s'en désintéresse. Enfin, c'est un fait généralement bien établi que les hommes attachent peu de prix aux femmes faciles, et que la difficulté est l'une de leurs principales motivations.

Une femme ne manque pas de motifs pour repousser les avances d'un homme : attachement à son mari ; crainte d'avoir des enfants ; manque d'occasion favorable ; parce qu'elle estime avoir été abordée cavalièrement ; trop grande différence de rang ; crainte que l'homme ne soit pas libre ; méfiance devant son manque de discrétion, à cause de sa notoriété ou de sa richesse, ou de son extrême pauvreté ; parce qu'elle se méfie

Une femme s'éprend de tout bel homme qu'elle voit, et de même fait l'homme à la vue d'une belle femme.

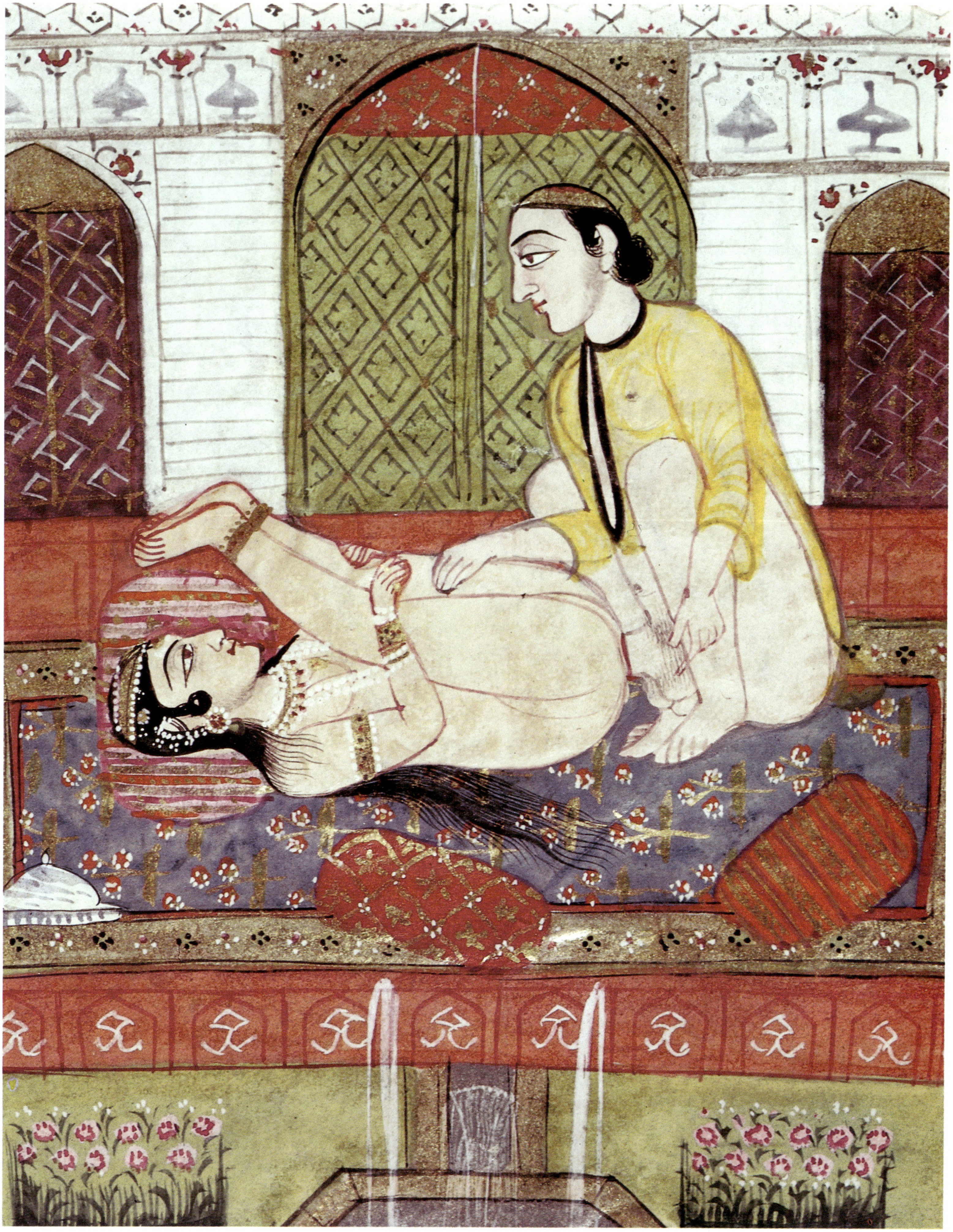

de son habileté ; parce qu'elle préfère rester son amie ; parce qu'il a mauvaise réputation ; parce qu'elle l'aime et qu'il cherche uniquement une aventure ; à cause de ses convictions religieuses ; parce qu'il est trop âgé, que son caractère est mesquin, ou qu'elle craint de lui faire du mal.

Quels sont les hommes qui obtiennent généralement du succès auprès des femmes ? Les hommes habiles dans la science de l'amour, les beaux parleurs et les conteurs agréables ; ceux qui, dès l'enfance, ont vécu dans la compagnie des femmes, et qui ont appris à gagner leur confiance ; ceux qui les couvrent de cadeaux, qui rendent des petits services, sont disponibles, ou bien ceux qui n'ont pas encore aimé ; ceux qui connaissent leurs points faibles, qui présentent bien, dont l'existence est vouée à la sensualité ou qui sont désirés par les femmes honnêtes ; les hommes qui ont de bonnes relations avec leurs amies proches, certains voisins, les veufs de fraîche date, les mondains et les noctambules ; les hommes généreux, puissants, forts, courageux, entreprenants, ceux avec lesquels leur mari ne peut pas soutenir la comparaison, sur aucun plan, ceux, enfin, qui s'habillent et vivent en seigneurs.

De multiples catégories de femmes se laissent facilement séduire : citons celle qui se tient sur le pas de sa porte, ou à la fenêtre, ou passe le temps à bavarder avec les voisins ; celle qui ne vous quitte pas des yeux ou évite de vous regarder ; celle que son mari trompe sans raison apparente, ou qui déteste son époux ou est détestée de lui ; une qui n'a pas eu d'enfants ou dont les enfants sont morts ; une qui aime la vie de société, les plaisirs, les sorties ; la femme dont le mari a des frères plus jeunes que lui, ou celle qui, à première vue, a beaucoup d'attentions pour son mari ; une dont le mari est inférieur en rang et en talents et qui ne se sent pas estimée à sa valeur ; celle dont l'esprit est troublé par la folie de son mari ; une femme mariée dans son enfance à un homme riche, qu'elle n'aime pas, et qui désire un homme plus à son goût ; une femme battue, ou que ses égales en beauté et en talents ne respectent pas ; une femme dont le mari est souvent absent, la femme d'un joaillier ou une veuve, ou la veuve d'un acteur ; une femme pauvre ou vaniteuse, ou jalouse, cupide, immorale, stérile, paresseuse, lâche, bossue, naine, contrefaite, vulgaire, qui sent mauvais, qui est malade, ou vieille, ou que le mari ne peut satisfaire ; une femme qui s'ennuie ou qui n'a pas d'amis.

Il y a aussi sur ce sujet deux versets dont voici le texte :

« Le désir, inspiré par la nature et accru par l'art, dont la sagesse écarte tout danger, devient ferme et sûr. Un homme adroit, confiant dans son habileté, qui observe soigneusement les idées et les sentiments des femmes, et qui sait détruire les causes de leur éloignement des hommes, est généralement heureux avec elles. »

Le désir, inspiré par la nature et accru par l'art, dont la sagesse écarte tout danger, devient ferme et sûr.

DES APPROCHES

Certains auteurs anciens sont d'avis que l'intervention d'une entremetteuse ou d'un intermédiaire rend plus difficile la séduction des jeunes filles, et que rien ne vaut l'action personnelle. Par contre, en ce qui concerne les femmes mariées, un intermédiaire faciliterait les choses. Vatsyayana, pour sa part, estime que, chaque fois que c'est possible, l'homme doit agir de son propre chef. Les intermédiaires ne doivent être utilisés qu'en dernier recours. Quant à dire que les femmes à l'esprit libre et hardi cèdent aux approches personnelles des hommes, contrairement aux autres, plus timorées, qui ne cèdent qu'aux intermédiaires, c'est pure affabulation. Agissant de lui-même, l'homme doit, avant tout, faire connaissance avec la femme qu'il désire. Il existe plusieurs moyens de l'approcher.

Il s'arrangera pour être vu de la femme en quelque occasion naturelle ou particulière. L'occasion est naturelle lorsque l'un d'eux se rend au domicile de l'autre ; elle est particulière lorsqu'ils se rencontrent soit chez un ami, ou un proche, ou un notable, ou un médecin, soit aux cérémonies de mariage, dans un festival, à des funérailles, ou à une soirée au jardin.

Quel que soit le moment où ils se rencontrent, l'homme doit avoir soin de regarder la femme de telle façon qu'elle n'ignore rien de son état d'esprit : on se tire la moustache, on fait du bruit avec les ongles ou avec les ornements que l'on porte, on se mord la lèvre inférieure, on la regarde avec insistance, on amorce un sourire, et d'autres signes de la sorte.

Lorsqu'elle le regardera, s'il est en joyeuse compagnie, il la comparera à d'autres femmes et fera grand cas de son goût des plaisirs. S'il est assis à côté d'une femme de sa connaissance, il bâillera, se tortillera, froncera les sourcils, parlera très lentement, affectant d'être ou très fatigué ou très ennuyé, ou parfaitement indifférent. Il pourra aussi tenir une conversation à double sens avec un enfant ou quelque autre personne, qui pourra se rapporter à une tierce personne mais qui, en réalité, aura pour objet la femme désirée ; ou bien, il caressera un enfant assis sur les genoux de la femme, lui donnera un jouet, ce qui sera l'occasion d'avoir un sujet de conversation et de se familiariser petit à petit avec elle.

Une fois qu'il aura fait connaissance, il aura un prétexte pour venir la voir chez elle. L'intimité grandissant, il lui confiera un dépôt ou un gage, dont il retirera de temps en temps une petite part ; il lui confiera également quelques parfums à garder, puis il lui fera faire connaissance de son épouse et les engagera à être amies.

Chaque fois que c'est possible, l'homme doit agir de son propre chef. Les intermédiaires ne doivent être utilisés qu'en dernier recours.

Afin de la voir fréquemment, il s'arrangera pour que les deux familles aient les mêmes fournisseurs – bijoutier, blanchisseur, etc. Il trouvera, dès lors, le prétexte à de longues visites, pour raison d'affaires, ce qui, de fil en aiguille, les rapprochera un peu plus. Il s'efforcera de satisfaire ses moindres besoins, qu'ils soient matériels, artistiques ou culturels, lui assurant qu'il en a les moyens ou qu'il peut lui présenter les personnes les plus dignes d'intérêt. En compagnie d'autres personnes, ils auront des discussions à bâtons rompus sur bien des sujets, examineront des objets, des pierres précieuses, par exemple, et, si à l'occasion il lui montre des choses qu'elle ignorait, et qu'elle est en désaccord sur ces choses ou sur leur valeur, il ne la contredira pas.

C'est ainsi que l'on entre dans l'intimité d'une femme.

Lorsqu'une jeune femme se sera familiarisée avec un homme ainsi que nous venons de le décrire, et qu'elle lui aura manifesté son amour par divers signes extérieurs ou manières de mouvoir son corps ou ses membres, l'homme ne doit plus avoir de cesse qu'il ne la possède.

Mais, dans le cas d'une jeune fille vierge, il convient de la traiter avec la plus grande délicatesse et d'user de grandes précautions. Lorsque les intentions de la jeune fille ne laisseront plus aucun doute, et qu'elle aura mis de côté toute pudeur, l'homme commencera à faire usage de son argent, et ils échangeront des vêtements, des bagues, des fleurs et d'autres menus présents. L'homme aura un soin tout particulier à lui faire des cadeaux à la fois beaux et précieux. S'il se rend à quelque soirée, il lui demandera la fleur qui pare ses cheveux ou qu'elle tient à la main. Progressivement, il dissipera ses craintes et finira par la conduire dans quelque lieu solitaire où il l'étreindra et l'embrassera sur la bouche. Enfin, à l'occasion d'un cadeau qu'il lui fera ou qu'il recevra d'elle, il se montrera plus entreprenant, et sa docilité l'encouragera à toucher ses parties les plus intimes, avant de donner à son entreprise une conclusion satisfaisante pour tous deux.

Lorsqu'un homme a entrepris de séduire une femme, il ne doit pas essayer d'en séduire une autre dans le même temps. Mais, après avoir conclu avec la première, et en avoir joui durant un laps de temps considérable, il peut entretenir son affection par des cadeaux, et commencer dès lors le siège d'une autre femme. Si un homme voit le mari d'une femme vaquer dans les parages de sa maison, il s'abstiendra de coucher avec la femme, même si l'occasion lui semble belle. Enfin, un homme sage qui tient à sa réputation ne songera pas à séduire une femme peureuse, timide, au caractère léger, bien surveillée, ou qui possède un beau-père ou une belle-mère.

Il se montrera plus entreprenant,
et sa docilité l'encouragera à toucher
ses parties les plus intimes.

DU COMPORTEMENT FÉMININ

Quand un homme est parvenu à entrer en contact avec une femme, il doit étudier son état d'esprit. Si elle l'écoute, sans rien manifester de ses intentions, il essaiera de faire intervenir une entremetteuse.

Si, lors de leur seconde rencontre, elle est mieux habillée que lors de la première, ou si elle le retrouve dans un endroit solitaire, il peut être sûr qu'en se montrant déterminé il arrivera à ses fins. Une femme qui se laisse courtiser, mais qui ne cède pas, même après un long temps, peut être considérée comme une aguicheuse ; cependant, vu l'inconstance de l'esprit humain, il est toujours possible de parvenir à ses fins si l'on a su garder d'étroites relations avec elle.

Lorsqu'une femme évite les attentions d'un homme, et, soit par respect pour lui, soit par orgueil personnel, ne veut ni le rencontrer ni l'approcher, on pourra, quoique avec difficulté, en venir à bout, en s'efforçant soit de se familiariser avec elle, soit de compter sur les talents d'un intermédiaire habile.

Un homme auquel on répond par des injures doit sur le champ perdre tout espoir. Si la femme repousse l'homme, tout en lui donnant des marques d'affection, il faut lui faire l'amour de toute manière. Si elle rencontre l'homme dans un lieu solitaire, qu'elle se laisse toucher le pied, ou la main, tout en ayant l'air de ne pas s'en apercevoir, cela dénote l'indécision de son esprit, et le soupirant devra redoubler d'efforts.

Si, par hasard, elle est endormie près de lui, il l'enlacera de son bras et, à son réveil, observera si elle le repousse sérieusement ou seulement pour l'inciter à recommencer. Ce qui se fait avec le bras se fait également avec le pied ou la main. Si la femme ne le repousse pas, il l'enlacera plus étroitement. Si elle se lève, mais continue son manège le jour suivant, il faut croire qu'elle est prête à se donner. Si elle ne montre plus signe de vie, il est bon de faire intervenir un tiers. Si, quand elle reparaît, elle se conduit exactement comme à l'ordinaire, c'est un signe très positif.

À quoi reconnaître le désir d'une femme ? Elle s'adresse à un homme en premier. Elle se montre à lui dans des lieux retirés. Elle lui parle en tremblant, en ayant peine à former ses mots. Ses mains transpirent et son visage rayonne de plaisir. Elle propose de le masser et, ce faisant, n'utilise qu'une main, l'autre s'aventurant en certaines parties de son corps ; ou bien elle immobilise ses deux mains à plat sur son corps, ou le laisse serrer une de ses mains entre ses jambes. Elle interroge son entourage à son propos. Elle se rend chez lui sous un motif futile. Les femmes qui manifestent ouvertement leur amour, qu'elles soient sages, simples ou confiantes, n'offriront guère de résistance.

Quand un homme est parvenu à entrer en contact avec une femme, il doit étudier son état d'esprit.

DES AFFINITÉS SEXUELLES

D'après les dimensions de leur *lingam*, on classe les hommes en trois catégories : homme-lièvre, homme-taureau et homme-cheval. De même, suivant la profondeur de son *yoni*, la femme sera appelée biche (ou antilope, ou gazelle), jument ou éléphante.
Il s'ensuit qu'il y a trois unions égales ou équilibrées entre personnes aux sexes de dimensions correspondantes, et six unions dites inégales ou déséquilibrées, ou mal assorties, quand les dimensions ne correspondent pas ; soit neuf en tout, commme le montre le tableau ci-dessous

Unions égales	*Unions inégales*
Lièvre-biche	Lièvre-jument
Taureau-jument	Lièvre-éléphante
Cheval-éléphante	Taureau-biche
	Taureau-éléphante
	Cheval-biche
	Cheval-jument

Dans les unions inégales, où les dimensions de l'organe sexuel de l'homme surpassent celles du sexe de sa partenaire, son union avec la femme qui, sous ce rapport, vient immédiatement après lui s'appelle *haute union* ou *union supérieure*, et elle est de deux sortes ; tandis que son union avec la femme la plus éloignée de lui pour les dimensions s'appelle *très haute union*, ou *union très supérieure*, et n'est que d'une sorte. Par contre, lorsque les dimensions du sexe de la femme surpassent celles du sexe de son partenaire, son union avec l'homme qui vient immédiatement après elle s'appelle *basse union* ou *union inférieure*, et elle est de deux sortes ; tandis que son union avec l'homme le plus éloigné d'elle s'appelle *très basse union* ou *union très inférieure*, et n'est que d'une sorte.
Autrement dit, le cheval et la jument, le taureau et la biche forment la *haute union*, tandis que la cheval et la biche forment la *très haute union*. Du côté des femmes, l'éléphante et le taureau, la jument et le lièvre forment la *très basse union*.
Dans le cas qui nous occupe, on peut dire que les extrêmes ne se touchent pas toujours avec profit. De ces neuf sortes d'unions, les unions égales ou équilibrées sont les meilleures ; les très hautes et les très basses sont les pires ; les autres sont de qualité moyenne, et parmi celles-ci les hautes sont meilleures que les basses.

Il y a trois unions égales ou équilibrées entre personnes aux sexes de dimensions correspondantes.

DE LA DIVERSITÉ DES TEMPÉRAMENTS

La force de la passion ou l'ardeur du désir sexuel permettent également de classer les hommes et les femmes en trois catégories, à savoir :

Hommes	***Femmes***
Petite	Petite
Moyenne	Moyenne
Intense	Intense

Hommes	***Femmes***
Petite	Moyenne
Petite	Intense
Moyenne	Petite
Moyenne	Intense
Intense	Petite
Intense	Moyenne

On dit de quelqu'un que c'est un homme de petite passion ou de faible tempérament lorsque son désir au moment de l'acte n'est pas vif, que son sperme est peu abondant, et qu'il ne peut supporter les brûlantes étreintes de sa partenaire.
Ceux qui ont un meilleur tempérament sont dits hommes de passion moyenne ; enfin, ceux qui débordent de désir sont appelés hommes de passion intense.
La même classification s'applique aux femmes.
Ces critères donnent, pour les unions, autant de combinaisons que la classification par dimension des sexes, à savoir neuf. En outre, il existe une dernière classification qui tient compte, chez l'homme et chez la femme, du temps nécessaire à l'un comme à l'autre pour atteindre l'orgasme, et qui donne lieu, pour les unions, aux mêmes combinaisons.
Mais, sur ce dernier point, les opinions diffèrent au sujet du plaisir de la femme. Auddalika dit : « Les femmes n'émettent pas comme les hommes. Les hommes assouvissent simplement leur désir, tandis que les femmes, dans leur conscience du prurit, ressentent une sorte de plaisir qui leur est agréable, mais dont elles sont incapables de vous décrire avec précision la nature. Un fait qui rend ceci évident, c'est que, dans le coït, les hommes s'arrêtent d'eux-mêmes après l'émission, et sont satisfaits, mais qu'il n'en est pas du tout ainsi pour les femmes. »
Cette opinion, toutefois, se heurte à une objection qui affirme que plus l'homme fera durer l'acte d'amour proprement dit, plus la femme s'attachera à lui, et que, s'il fait trop vite, elle sera fort mécontente de lui. Et cette circonstance, disent quelques-uns, prouverait que la femme émet beaucoup.

Ceux qui débordent de désir sont appelés hommes de passion intense.

Mais cette opinion n'est pas fondée ; car, s'il faut un long moment pour calmer la démangeaison érotique d'une femme, et que, durant ce temps, elle ressente un grand plaisir, il est tout à fait naturel qu'elle souhaite que l'acte se prolonge.

À ce propos, un verset a été écrit : « Par l'union avec les hommes, la lubricité, le désir ou la passion des femmes sont satisfaits, et le plaisir qu'elles en ressentent est appelé leur satisfaction. »

Les disciples de Babhravya, d'un côté, disent que le sperme des femmes continue à tomber du commencement à la fin de l'union sexuelle ; et cela doit être, car, si elles n'avaient pas de sperme, il n'y aurait pas d'embryon. Ici encore, on objecte qu'au début du coït la passion de la femme est moyenne et qu'elle a peine à soutenir les vigoureuses poussées de son amant ; mais, par degrés, sa passion s'accroît jusqu'à ce qu'elle n'ait plus conscience de son corps, et alors, enfin, elle éprouve le désir de cesser le coït. Cette objection, toutefois, est sans valeur ; car, même avec les choses ordinaires qui se meuvent avec une grande force, comme une roue de potier, ou une toupie, le mouvement, lent au début, par degrés devient très rapide. De même, la passion d'une femme s'étant graduellement accrue, elle éprouve le désir de cesser le coït quand tout son sperme s'est écoulé.

Et il y a là-dessus un verset dont voici le texte :

« L'émission du sperme de l'homme a lieu seulement à la fin du coït, tandis que le sperme de la femme s'écoule d'une manière continue : et quand le sperme de l'un et de l'autre est tout entier écoulé, alors ils éprouvent le désir de cesser le coït. »

Vatsyayana est d'avis que les manières d'opérer, aussi bien que la conscience du plaisir, sont différentes chez l'homme et la femme. La différence dans la manière d'opérer, l'homme étant agent et la femme patiente, est due à la nature du mâle et de la femelle. De cette différence dans le comportement sexuel s'ensuit une différence dans la conscience du plaisir, car l'homme pense : « Cette femme m'est unie », et la femme pense : « Je suis unie à cet homme. »

Et, comme il existe neuf sortes d'union par rapport aux dimensions, à la force de la passion et au temps nécessaire à l'irruption du plaisir, la combinaison de toutes ces sortes en produit d'innombrables.

Conséquemment, dans chaque sorte d'union, les hommes doivent employer tous les moyens qu'ils jugeront les plus convenables à atteindre l'accomplissement du coït et à satisfaire leur partenaire.

Dans le premier rapport, la passion de l'homme est intense et bref le temps qu'il y consacre ; mais, au fur et à mesure que l'accouplement se reproduit, c'est le contraire qui arrive. Il en va autrement de la femme, car, si la première fois sa passion est faible et le temps qu'elle y met long, lors des rapports suivants, sa passion grandit en intensité, et le temps qu'elle met à parvenir au plaisir diminue, jusqu'à ce qu'elle soit satisfaite.

Sa passion s'accroît jusqu'à ce qu'elle n'ait plus conscience de son corps.

PRÉLIMINAIRES : LES ÉTREINTES

Les étreintes par lesquelles l'homme et la femme manifestent leur affection sont de quatre sortes. Lorsqu'un homme, sous un prétexte quelconque, se place à côté ou en face d'une femme, et touche son corps avec le sien, on parlera d'*étreinte touchante*.

Si une femme, dans un lieu retiré, fait mine de ramasser quelque chose, et, ce faisant, perce pour ainsi dire de la pointe de ses seins un homme assis ou debout, et que celui-ci les saisit et les pétrit, c'est une *étreinte perçante*. Ces deux étreintes ne se pratiquent qu'entre personnes qui ne se parlent pas encore librement.

Quand deux amants se promènent nonchalamment dans l'obscurité, que ce soit en un lieu fréquenté ou non, et se frottent l'un contre l'autre, c'est une *étreinte frottante*. Mais si, dans des circonstances identiques, l'un des deux presse fortement le corps de l'autre contre un mur ou un arbre, on parlera d'une *étreinte pressante*. Ces deux dernières étreintes entérinent le désir partagé des amants.

Lors d'un rendez-vous, les étreintes se font plus insistantes. L'*enlacement du reptile* voit la femme s'enrouler à un homme comme un reptile à un arbre. Elle attire sa tête vers la sienne pour y déposer un baiser, minaude en poussant de petits cris, le regarde amoureusement. Lorsqu'une femme, ayant placé un pied sur le pied de son amant, et l'autre sur une de ses cuisses, glisse un bras autour de ses reins et pose l'autre sur ses épaules, chantonne à mi-voix comme si elle roucoulait, et donne l'impression de vouloir l'escalader pour se voir offrir un baiser, cette sorte d'embrassement prend le nom d'*escalade de l'arbre*.

Lorsque les amants, couchés dans un lit, s'embrassent si étroitement que leurs bras et leurs cuisses semblent inextricablement mêlés, dans une sorte de frottement réciproque, c'est l'étreinte dite du *mélange du sésame et du riz*.

Tout à la frénésie de leur désir, les deux amants s'embrassent en donnant l'impression qu'ils se battent, comme s'ils voulaient pénétrer le corps de l'autre, que la femme soit assise sur les genoux de l'homme, ou devant lui, ou sur un lit ; cela s'appelle le *mélange du lait et de l'eau*.

Ces deux étreintes sont le dernier prélude au coït.

On distingue encore quatre manières d'embrasser les membres du corps : un des deux amants enserre avec force une des cuisses de l'autre, ou toutes les deux, entre les siennes, c'est l'*étreinte des cuisses*.

Dans l'*étreinte du* jadgana — partie du corps féminin située entre le nombril et les

Lors d'un rendez-vous, les étreintes se font plus insistantes.

cuisses —, l'homme presse l'aine contre le pubis de sa partenaire, qu'il saisit par les cheveux, accompagnant ce geste d'égratignures avec les ongles, de morsures, de petits coups, de baisers.

Dans l' *étreinte des seins,* la femme place sa poitrine entre les cuisses de l'homme et presse fortement son aine, lui procurant un plaisir certain.

Lorsqu'un des amants applique sa bouche, ses yeux et son front sur la bouche, les yeux et le front de son partenaire, cela s'appelle l'*étreinte des fronts*.

Certains auteurs estiment que le massage fait également partie des étreintes, parce qu'il implique un contact des corps. Mais Vatsyayana pense que le massage a lieu à un autre moment et dans un but différent. Comme, de plus, il est d'un autre caractère, on ne peut le ranger dans cette catégorie.

Il y a sur les étreintes quelques versets qu'il nous faut citer :

« Le sujet tout entier des étreintes est de telle nature, que les hommes qui s'en enquièrent, ou qui en entendent parler, ou qui en parlent, éprouvent par cela seul un désir de jouissance. Certaines étreintes non mentionnées dans le *Kama Shastra* doivent néanmoins être pratiquées au moment de la jouissance sexuelle, si elles peuvent d'une façon ou d'une autre accroître l'amour. Tant il est vrai que les règles sont applicables aussi longtemps que la passion de l'homme est moyenne, mais, une fois la roue de l'amour lancée, il n'y a plus ni *Shastra* ni règles. »

LES GRIFFURES ET MARQUES D'ONGLES

L'impétuosité d'une relation sexuelle se traduit souvent par des griffures ou des marques d'ongles que les amants exhiberont comme autant de témoignages de leur passion. Les joues, les lèvres, le cou, les aisselles, les seins, les épaules, le dos, le ventre, la taille et les cuisses, les fesses parfois sont les parties du corps que l'on marque d'un coup d'ongles, ou de dents, pour preuve d'un désir exacerbé, ou, plus simplement, dans le feu de la passion, sous l'emprise de la colère, lors de disputes entre amoureux éméchés, au retour de voyage, par jeu ou lors d'une réconciliation tumultueuse.

Mais les marques d'ongles ne sont familières qu'aux amants de très fort tempérament.

On distingue huit sortes de marques avec les ongles.

La marque courbe faite avec les ongles sur le cou ou sur les seins s'appelle une *demi-lune*.

Le *cercle* est composé de deux demi-lunes opposées, généralement sur le nombril, dans les fossettes des fesses, à l'entrecuisse.

Le *trait* est une ligne droite courte en n'importe quel endroit du corps, une *griffe de tigre* étant un trait courbe tracé sur la poitrine.

La *patte de paon* est une marque faite avec les cinq ongles sur le sein. Difficile à exécuter, elle fera l'admiration de son auteur.

Le *saut du lièvre* est une marque similaire, mais imprimée autour du téton.

La *feuille de lotus bleu* est une marque faite sur la poitrine et les hanches, rappelant la forme des feuilles de lotus.

Lorsqu'une personne, au moment de partir en voyage, fait une marque sur les cuisses ou la poitrine, cela s'appelle un *signe de souvenir.*

On reconnaît de bons ongles à leur brillant, à leur implantation égale, à leur propreté, à leur forme convexe, à leur poli et à leur joliesse. Ils peuvent être petits, moyens ou grands. Les ongles longs donnent une grâce infinie aux mains et séduisent les femmes. Selon Vatsyayana : « De même que la variété est nécessaire à l'amour, l'amour se renforce par la variété des moyens. » Il s'ensuit que les courtisanes sont extrêmement désirables, car elles n'ignorent rien de tous les artifices susceptibles d'attiser le désir. En outre, les femmes sont particulièrement sensibles à la vision de griffures sur le corps d'un homme. Elles y voient aussitôt le signe d'une forte virilité et leur esprit en est influencé, aussi ferme soit-il. Rien ne vaut les griffures ou les traces de morsures pour raviver un ancien amour. Comme il est dit : « Les marques d'ongles sur les parties secrètes de leur corps ravivent l'amour des femmes pour l'amant qui en fut l'auteur. »

Les marques d'ongles ne sont familières qu'aux amants de très fort tempérament.

॥कवित्त॥ रतिछकीआसवसोंछकीकछुमानिश्रमसोंहोईसेजविजनाव्यारसुषदाईहैं
भूषनवसनअंगकांतिवरनीनजातिछूटेकेसपासनकीछबिअधिकाईहैं
पावसरुपैरिलषिनिद्रामेंसषीहूस्यामआनिकेजगाईदयानिधिहियआईहैं
प्रियापौढीतातेंनातिसरबीचमनमीनरमतगहैंमैंजातेंबंसीकौंजगाईहैं॥१॥

LES QUERELLES

Une femme qui aime passionnément un homme ne saurait supporter de l'entendre prononcer le nom de sa rivale, ni d'avoir aucune conversation à son sujet, de le voir y faire la moindre allusion, d'évoquer des souvenirs communs, ni d'être appelée de son nom par inadvertance, injure suprême et difficilement pardonnable.

Si pareille chose se produit, alors commence un grande querelle : la femme bafouée pleure, se met en colère, agite sa chevelure, frappe son amant, tombe de son lit ou de son siège, arrache ses colliers et ses bijoux, les lui lance au visage, et finit par se rouler par terre. L'amant doit essayer de l'apaiser par des paroles conciliantes, et, en même temps, tenter de la relever doucement et de la mettre sur son lit. Mais elle, ignorant ses questions ou ses supplications, avec une colère toujours croissante, courbera la tête de son amant, lui tirant les cheveux, et après l'avoir frappé, une fois, deux fois, trois fois, sur les bras, la tête, la poitrine ou le dos, se dirigera vers la porte d'entrée de la maison. Suivant Dattaka, elle doit alors s'asseoir sur le seuil, l'air courroucé, les yeux pleins de larmes, mais elle ne doit en aucun cas sortir, pour éviter de se mettre dans son tort. Au bout d'un certain temps, quand elle juge que son amant a dit et fait tout ce qu'il pouvait pour se réconcilier, elle le laissera l'embrasser, sans cesser pour autant de lui faire des reproches, mais de moins en moins vifs, ce qui lui laissera entendre qu'elle le désire à nouveau. Parvenus à ce point, c'est à lui d'être suffisamment souple et accommodant pour faciliter la reprise des débats sexuels sans qu'aucun des deux n'ait l'impression d'être le jouet de l'autre.

Si la querelle a séparé les amants, la fille retournant chez elle, le garçon devra aller la voir pour essayer de se faire pardonner, ou lui envoyer des proches – confident, ami de débauche – qui proposeront leurs bons offices. L'idéal étant qu'ils ramènent la fille et qu'elle passe la nuit avec son amant. Ainsi finissent les querelles d'amour.

Une femme qui aime passionnément un homme ne saurait supporter de l'entendre prononcer le nom de sa rivale.

LES BAISERS

Pas plus que pour les griffures ou les morsures, qui souvent les accompagnent dans le feu de la passion, il n'y a d'ordre ou de moment particulier pour les baisers. Souvent, ces manifestations du désir se déroulent avant l'étreinte sexuelle proprement dite, mais, bien évidemment, elles peuvent se continuer lors de l'union des corps : tout est bon, à tout moment, l'amour n'ayant souci ni d'ordre ni de temps.

Pourtant, il est recommandé de ne pas abuser des baisers lors de la première union, ni de les prolonger exagérément. Les premiers baisers de l'amant seront pleins de retenue, au risque de s'aliéner pour longtemps sa partenaire, surtout s'il s'agit d'une jeune fille inexpérimentée.

Par contre, les rencontres suivantes ne demandent aucune modération de la part des amants.

On baise le front, les yeux, les joues, la gorge, la poitrine ; les habitants du pays de Lat baisent aussi les femmes à la jointure des cuisses, sous les bras, sur le nombril.

Vatsyayana est d'avis qu'aucune partie du corps n'échappe au baiser, et que l'intensité du désir et les coutumes locales décident, finalement, du comportement des amants.

S'agissant des jeunes filles, trois sortes de baisers sont pratiqués : le baiser *nominal*, le baiser *palpitant*, le baiser *touchant*.

Le baiser *nominal* est le simple baiser sur la bouche, sans chercher à saisir les lèvres.

Lors du baiser *palpitant*, la jeune fille oppose sa lèvre inférieure à la lèvre supérieure de son amant et la fait vibrer contre celle-ci.

Dans le baiser *touchant*, ou *frotté*, la fille touche de sa langue les lèvres de son amant, puis, fermant les yeux, place ses deux mains dans les siennes.

D'autres auteurs distinguent quatre sortes de baisers : le *droit*, le *penché*, le *tourné*, le *pressé*, dit aussi *appuyé*.

Dans le baiser *droit*, les lèvres des amants sont directement mises en contact.

Dans le baiser *penché*, les amants penchent leurs têtes pour offrir leurs lèvres.

Si l'un deux fait tourner le visage de l'autre en lui prenant la tête et le menton et lui donne un baiser, c'est un baiser *tourné*.

Enfin, lorsque la lèvre inférieure est pressée avec force, c'est un baiser *pressé*.

Le baiser sera considéré comme *très appuyé* si, tenant la lèvre inférieure entre deux doigts, on la touche de la langue avant de la presser fortement avec une lèvre.

Les baisers offrent l'occasion d'un jeu badin consistant à essayer de saisir le premier la

Tout est bon, à tout moment, l'amour n'ayant souci ni d'ordre ni de temps.

lèvre inférieure de son partenaire. Si la femme perd, elle fera semblant de pleurer, repoussera son amant, lui tournera le dos en lui cherchant querelle, avant de lui demander une revanche.

Si elle perd à nouveau, elle en sera doublement dépitée et tentera alors de profiter de l'inattention ou du sommeil de son amant pour le surprendre. Elle maintiendra sa lèvre inférieure entre ses dents, l'immobilisant, puis éclatera de rire, battra des mains, se moquera de lui, le provoquera en dansant autour de lui, lui disant certaines vérités. Ainsi s'achève la tendre guerre des baisers. Mais ces taquineries d'amoureux ne sont familières qu'aux couples qui vivent une passion intense.

Si un homme attrape et suce la lèvre supérieure d'une femme, et que celle-ci, en retour, fait de même avec sa lèvre inférieure, cela s'appelle le baiser *de la lèvre supérieure*.

Lorsque l'un des deux amants enserre entre ses lèvres les lèvres de l'autre, cela s'appelle un baiser *serrant*. Cette sorte de baiser ne peut pas être pratiqué sur un homme moustachu. Quand l'un des deux partenaires touche avec la langue les lèvres, la langue, les dents et le palais de l'autre, cela s'appelle le *combat de la langue*.

En fonction des parties du corps, le baiser sera modéré, serré, pressé ou doux.

Dans le chapitre des baisers spéciaux, on peut ranger la succion du bouton ou du mamelon des seins, aussi bien des hommes que des femmes, qui est généralement considéré comme un des préliminaires naturels du coït, et tous les baisers appliqués à des parties du corps autres que les lèvres, y compris les plus intimes (région sexuelle de l'homme et de la femme, fesses).

Quand une femme donne un baiser à son amant, profitant qu'il est occupé, ou lors d'une dispute, c'est un baiser *qui distrait*. Si l'un des deux amants baise son partenaire endormi, on dira qu'il cherche à lui montrer son désir, ou sa tendresse, par un baiser *d'éveil*. Si la femme embrasse franchement la bouche de son amant endormi, elle lui donne un baiser *provocant*.

Embrasser l'image d'une personne réfléchie dans un miroir ou dans l'eau, ou même son ombre portée sur un mur, c'est pratiquer le baiser *d'intention*.

Embrasser un enfant sur ses genoux, un portrait, une statue, en présence de l'aimée ou de l'aimé, cela s'appelle un baiser *transféré*. Si, dans une réunion, la nuit, au spectacle, dans une assemblée masculine, un homme s'approche d'une femme et lui baise un doigt de la main, si elle est debout, ou un orteil si elle est assise, ou si une femme, massant son ami, pose sa tête sur sa cuisse, comme par lassitude, et baise sa cuisse ou son gros orteil, cela s'appelle un baiser *démonstratif*.

Un verset résume parfaitement tout ce que nous venons de dire sur les baisers :

« Entre amants, la réciprocité est la règle ; à un baiser répondra un baiser, à une caresse une caresse, à un coup un coup. »

Le baiser nominal est le simple baiser sur la bouche, sans chercher à saisir les lèvres.

LES MORSURES

Tous les endroits du corps que l'on peut baiser peuvent être mordus, à l'exception des yeux, de la langue et de la lèvre supérieure. Voici les types de morsures les plus répandus :

la *morsure cachée*, qui ne se révèle que par l'excessive rougeur de la peau mordue ; la *morsure enflée*, ou *pointue*, lorsque la peau a été saisie et tiraillée entre les dents ; la *ligne de points*, lorsqu'une minuscule portion de peau est mordue avec deux dents seulement ;

la *ligne de joyau* lorsque la morsure est faite avec toutes les dents, et *de corail et joyau*, lorsque l'on utilise les dents (joyau) et les lèvres (corail) ;

le *nuage brisé* désigne une morsure courbe aux traces inégales à cause de l'espacement des dents ; on l'imprime sur les seins ;

la *morsure du sanglier* consiste en plusieurs larges rangées de marques, sous les seins, ou sur les épaules, séparées par un intervalle rouge.

C'est sur la lèvre inférieure que se font la *morsure cachée*, la *morsure enflée* et la *ligne de points* ; la *morsure enflée* se fait également sur la joue, ainsi que la *ligne de corail et de joyau*. Considérés comme des ornements, le baiser, la pression avec les ongles et la morsure se font toujours sur la joue gauche. La ligne *de points* et la *ligne de joyau* s'impriment sur la gorge, l'aisselle et l'entrecuisse, la *ligne de points* seule pouvant être imprimée sur le front et les cuisses.

Des choses mentionnées plus haut, à savoir les étreintes, les baisers, etc., on doit faire d'abord celles qui accroissent la passion, ensuite, celles qui n'ont pour objet que l'amusement ou la diversité. Chacun restera juge de ses goûts, en fonction de son tempérament, du moment, de son ardeur et de son partenaire.

Quelques versets ont été écrits à ce propos :

« Quand un homme mord violemment une femme, celle-ci doit lui rendre la pareille, avec au moins deux fois autant de force. Ainsi, pour un *point* elle rendra une *ligne de points*, pour une *ligne de points* un *nuage brisé* ; si elle est très surexcitée, elle entamera dans l'instant une querelle d'amour, saisira son amant par les cheveux, attrapera sa lèvre inférieure, puis, fermant les yeux, le mordra en divers endroits. Même de jour et dans un lieu public, si son amant lui montre quelque marque qu'elle peut avoir imprimée sur le corps, elle sourira et, faisant mine d'être irritée, lui montrera, sur son propre corps, les marques que lui-même y aura faites. Pour deux amants qui en usent ainsi, l'amour dure des siècles sans jamais décroître. »

Quand un homme mord violemment une femme, celle-ci doit lui rendre la pareille, avec au moins deux fois autant de force.

DES DIFFÉRENTES SORTES DE CONGRÈS

On en distingue généralement sept. Lorsque deux personnes, dont l'amour vient d'éclore, se retrouvent, leur congrès est dit *congrès d'amour naissant.* Lorsque deux amants qui s'aiment depuis un certain temps ont éprouvé de grandes difficultés à se retrouver, ou lorsque l'un d'eux revient de voyage, ou lors d'une réconciliation faisant suite à une dispute, on parlera d'un *congrès d'amour passionné.* Les deux amants se donnent l'un à l'autre sans retenue.

Si deux personnes très attachées, de même naissance, et partageant des goûts communs, s'unissent au gré de leur fantaisie, le congrès est dit *congrès d'amour spontané.*

Si le désir doit être stimulé à l'aide des soixante-quatre manières décrites par le *Kama Sutra* (baisers, enlacements, morsures, coups), ou lorsque le couple s'unit sans amour, le cœur de chacun étant pris ailleurs, leur congrès s'appelle *congrès d'amour artificiel.*

Lorsque l'un des partenaires s'imagine, pendant toute la durée de l'acte, dans les bras d'une tierce personne qui lui est chère, cela s'appelle le *congrès d'amour transféré.*

Le congrès entre un homme de haute caste et une porteuse d'eau ou une servante de caste inférieure, qui dure seulement le temps de soulager la pulsion sexuelle, est dit *congrès à l'instar des eunuques*. Dans ce cas, on s'abstient de pratiquer des attouchements extérieurs, des baisers ou des manipulations intimes.

Le congrès entre une courtisane et un paysan, entre citadins et villageoises ou femmes des faubourgs, s'appelle *congrès décevant*. Ici, comme dans le congrès précédent, la seule motivation est purement sexuelle et nullement érotique.

En outre, on distingue quatre sortes d'amour que l'on classe en fonction de leur origine, ou de ce qui lui a donné l'impulsion initiale : amour résultant d'une habitude ; amour résultant de l'imagination ; amour résultant de la foi ; amour intéressé ou résultant de la perception d'objets extérieurs.

Un amour né et se perpétuant dans l'habitude ressemble à d'autres amours ou passe-temps, comme le goût de la chasse, de la boisson, du jeu, etc.

L'amour résultant de l'imagination est une conception mentale, qui naît chez une personne inexpérimentée. Cet amour manifeste un goût prononcé pour certaines caresses (fellation par exemple) ou actes plus communs, comme embrasser, mordre, etc.

L'amour résultant de la foi est un amour réciproque des deux partenaires, dont chacun voit en l'autre la moitié de lui-même.

L'amour résultant de la perception d'objets, ou amour purement matériel, est motivé par le gain ou l'acquisition de biens.

Lorsque le couple s'unit sans amour, le cœur de chacun étant pris ailleurs, leur congrès s'appelle congrès d'amour artificiel.

LES POSTURES DE LA VOLUPTÉ

Dans la chambre de plaisir décorée de fleurs et embaumée de parfums, le riche citadin, en compagnie de ses amis et de serviteurs, recevra la femme qui viendra baignée et parée, et l'invitera à se rafraîchir et à boire librement. Il la fera ensuite asseoir à sa gauche, puis, prenant sa chevelure et touchant l'extrémité et le nœud de son vêtement, il l'enlacera délicatement avec son bras droit. Ils entameront alors une agréable conversation sur divers sujets et pourront glisser, à mots couverts, des histoires lestes et des considérations galantes. La soirée se poursuivra avec des chants, accompagnés ou non de danses, de la musique, des aperçus sur l'art, l'un et l'autre ne cessant de s'encourager à boire.

Lorsque la femme n'en pourra plus d'amour et de désir, le citadin renverra ses invités, donnant à chacun des fleurs, des onguents, du bétel ; enfin seuls, ils aborderont les préliminaires.

Après avoir joui l'un de l'autre, les amants, redevenus pudiques, se lèvent, et, sans se regarder, se dirigent séparément vers le cabinet de toilette. Puis ils retrouvent leur place initiale et partagent quelques feuilles de bétel, et l'hôte appliquera lui-même un onguent de pur santal ou de quelque autre essence sur le corps de la femme. Il l'embrassera alors de son bras gauche et, toujours aimable, l'invitera à boire de l'eau d'une coupe qu'il présentera à ses lèvres. Ils mangeront des sucreries ou d'autres choses, menés par leur fantaisie et leur goût, se rafraîchiront de jus frais, dîneront de dattes, de potage ou de soupe de gruau, de viandes, apprécieront des sorbets, du jus de mangue, ou de citron sucré, ou toute autre chose au goût du pays, en fonction de la saison, connue pour être douce et pure.

Éventuellement, ils iront sur la terrasse de la résidence et admireront le clair de lune, poursuivant leur agréable conversation. La femme ayant posé la tête sur les genoux de son amant, le visage tourné vers la lune, il lui montrera les différentes planètes, l'étoile du Matin, l'étoile Polaire, la Grande Ourse, ou la Voie lactée.

Dans le cas d'une *union supérieure* (par exemple avec un homme-taureau), la femme-biche *(mrigi)* doit se placer de façon à ouvrir au mieux son *yoni ;* dans l'*union inférieure* (par exemple avec un homme-lièvre), la femme-éléphant *(hastini)* se couchera de manière à contracter le sien. Dans une *union égale*, elles se coucheront dans la position naturelle, sur le dos. Ce qui vient d'être dit de la biche et de la femme-éléphant s'applique aussi bien à la femme-jument *(vadawa).* Pour la *biche,* il existe trois postures couchées : *largement ouverte*, *béante*, et celle dite *de la femme d'Indra.*

Lorsque la femme n'en pourra plus d'amour et de désir, le citadin renverra ses invités.

Lorsque sa tête est placée très bas et qu'elle relève le bassin, on dira qu'elle est en position *largement ouverte.* Il est bon que son partenaire utilise quelque onguent ou enduise sa verge de salive pour faciliter la pénétration.

Dans la position *béante,* la femme lève les cuisses en les écartant autant qu'elle peut. Un coussin placé sous les fesses ne sera pas superflu.

Dans la position *de la femme d'Indra,* elle ouvre les cuisses, les jambes repliées dessus. Seule la pratique peut apprendre à utiliser cette posture, très utile dans un rapport ultra-supérieur (cheval avec biche).

Les positions *serrante, pressante, liante* et *de la jument* sont utilisées concurremment dans les unions inférieures et très inférieures.

Lorsque les jambes de l'homme et de la femme sont étendues droites l'une contre l'autre, les amants sont dans la position *serrante*, dite aussi de *l'emboîtement.* L'homme introduit son membre tout entier dans la vulve, de telle sorte que ses poils se collent à ceux de la femme de la manière la plus complète.

Cette position comporte deux variantes : à l'*horizontale* ou *de côté* ; dans le dernier cas, l'homme doit se tenir à gauche de la femme. Lorsque, le congrès ayant commencé dans la position serrante, la femme enveloppe les hanches de son partenaire entre ses cuisses, c'est la position *pressante*. Si la femme place une de ses cuisses en travers de la cuisse de son amant, c'est la position *liante*.

La position dite *de la jument* nécessite une certaine pratique. Une fois celui-ci bien enfoncé en elle, la femme retient le sexe de son amant en comprimant sa vulve, comme si elle le happait, à l'image de ce que font les juments.

Telles sont les différentes manières de se coucher mentionnées par Babhravya.

Suvarnanabha en indique d'autres que voici : la femme lève ses deux cuisses toutes droites, les maintenant haut avec ses bras, cela s'appelle la position *levante*.

Si elle lève les deux jambes et les place sur les épaules de son amant, elle sera en position *béante.*

Lorsque, sur le dos, les deux jambes de la femme sont repliées, les talons appuyant sur les fesses, et maintenues ainsi par l'amant devant sa poitrine, c'est la position *pressée*. Cette position sera dite *demi-pressée* si une jambe seulement est repliée.

Lorsque la femme place une de ses jambes sur l'épaule de son amant et étend l'autre, puis met celle-ci à son tour sur l'épaule, et étend la première, et ainsi de suite alternativement, cela s'appelle la *fente du bambou.*

Dans une variante de cette posture, une des jambes est placée sur la tête, l'autre restant étendue, c'est la position *du clou*. Elle exige une certaine pratique.

Lorsque les deux jambes de la femme sont repliées haut, les chevilles sur le ventre, c'est la posture *du crabe ;* si les cuisses sont dressées et entrecroisées, c'est la position *en paquet* ; si, dans la même position, elle écarte les cuisses à plat, c'est la posture *du lotus.*

Les positions serrante, pressante, liante et de la jument sont utilisées concurremment dans les unions inférieures et très inférieures.

Lorsqu'un homme, pendant le congrès, tourne autour de la femme sans s'en détacher ni interrompre l'acte, la femme lui tenant toujours les reins, c'est la position *tournante*. Impossible sans beaucoup de pratique.
Au dire de Suvarnanabha, certaines positions assises ou debout sont plus faciles à pratiquer dans l'eau, mais Vatsyayana s'y oppose pour des raisons religieuses.
Voici maintenant quelques façons de faire qui apportent l'indispensable piment nécessaire au renouvellement du plaisir d'aimer.
Debout, l'homme et la femme s'unissent appuyés l'un contre l'autre, ou contre un mur, un pilier, ou un meuble ; c'est le congrès *debout*.
Si l'homme est appuyé contre un mur et que la femme, assise sur les mains de l'homme réunies en berceau sous ses fesses, enserre son cou de ses bras, et, collant ses cuisses contre son bas-ventre, appuyant ses pieds contre le mur, se laisse prendre, c'est la posture *en suspension*.
Si la femme se tient sur les mains et les pieds, comme un quadrupède, et que son amant monte sur elle comme un taureau, c'est le *congrès de la vache*.
Une variante plus esthétique de cette manière est bien connue sous le nom de *levrette :* la femme se couche sur le ventre, en ayant soin d'élever ses fesses au moyen d'un coussin ; l'homme vient par derrière et lui introduit son membre. La femme a soin d'entrelacer les coudes de l'homme avec ses bras. Cette méthode est la plus facile de toutes.
La femme peut également se placer à genoux, creuser les reins et s'appuyer sur les avant-bras ; l'homme vient par derrière, s'agenouille face à la croupe offerte et fait pénétrer son membre dans la vulve qu'elle lui présente en la faisant ressortir autant que possible ; il a soin de placer ses mains sur les épaules de la femme.
Ces positions de la femme offrant son dos permettent de lui caresser les seins et le clitoris, ce qui hâte sa jouissance.
La vie animale est une source inépuisable d'inspiration pour les amants en mal de nouveautés. Qu'ils ne se privent pas de se livrer à l'union saccadée du chien, à celle, arrogante, du bouc sur la chèvre, au mâle rut du cerf sur la biche, au violent assaut de l'âne, au bond souple du chat, à l'attaque du tigre, au piétinement érotique de l'éléphant, au frottement rageur du sanglier, au chevauchement cabré de l'étalon.

La femme peut également se placer à genoux, creuser les reins et s'appuyer sur les avant-bras.

AUTRES POSTURES, AUTRES VOLUPTÉS

Le *percement de la lance* : la femme est suspendue au plafond, au moyen d'un système de quatre cordons qui s'attachent à ses pieds et à ses mains ; le milieu de son corps est soutenu par un cinquième cordon disposé de façon à ne pas la blesser au dos. Sa position doit être telle que sa vulve se trouve, l'homme étant debout, à hauteur et vis-à-vis du membre qu'il y introduit. Imprimant alors un mouvement de balancement, en commençant par l'éloigner légèrement de lui, puis en la rapprochant, l'homme fait alternativement entrer et sortir son membre, en ayant soin de le darder sur l'entrée de la vulve quand elle se rapproche. Ainsi feront les amants jusqu'au surgissement de la jouissance.

La *pendaison :* l'homme réunit les pieds et les mains de la femme vers son cou, de manière que sa vulve ressorte comme un dôme renversé, et l'élève ensuite au moyen d'une poulie fixée au plafond. Il s'étend alors sous elle, tenant dans sa main l'autre bout de la corde, au moyen de laquelle il la fait monter et descendre sur son membre jusqu'à l'éjaculation.

La *culbute :* la femme doit avoir un pantalon qu'elle laisse tomber sur ses talons, comme des entraves. Elle courbe alors son corps en deux, vers l'avant, de manière que, plaçant la tête entre ses pieds, elle arrive à avoir le cou dans l'ouverture du pantalon. À ce moment, l'homme saisit les jambes de la femme et la renverse sur le dos, en lui faisant faire la culbute. Pliant les jarrets, il place son membre bien en face de la vulve et l'y introduit en le glissant dans l'intervalle des deux jambes serrées. On dit que certaines femmes, étant couchées sur le dos, peuvent placer leurs pieds sous leur tête sans le secours du pantalon et sans se servir des mains.

La *queue de l'autruche :* la femme étant couchée sur le dos dans toute la longueur du lit, l'homme se met à genoux devant elle et lui soulève les jambes de manière que seules les épaules et la tête restent au contact du lit. Ayant introduit son membre, il se saisit des fesses de la femme qui lui entoure le cou de ses jambes.

La *vue réciproque des culs :* l'homme étant sur le dos, la femme s'asseoit sur son membre, le dos tourné du côté du visage de l'homme, ayant elle-même le visage tourné vers les pieds de celui-ci, qui étreint alors les hanches de la femme entre ses cuisses. La femme pose ses mains sur le lit, afin d'y prendre un point d'appui pour imprimer le mouvement, et elle se remue en gardant les regards tournés vers les fesses de l'homme. Dans cette position, les deux amants ont le loisir de se désaccoupler momentanément, et la femme, repoussant les fesses vers le visage de l'homme, lui suggère de lui lécher le

L'homme fait alternativement entrer
et sortir son membre, en ayant soin de le darder
sur l'entrée de la vulve quand elle se rapproche.

sexe, elle-même faisant de même simultanément sur son organe. C'est la position du double coït buccal, ou coït inversé, appelée communément le soixante-neuf.

Le *bandement de l'arc :* la femme se couche sur un côté, l'homme, également étendu sur le côté, pénètre entre ses jambes de façon que son visage soit tourné vers le dos de la femme ; puis il introduit son membre en posant ses mains sur la partie supérieure du dos. Quant à la femme, incurvant son corps, elle saisit alors les pieds de l'homme avec les mains en les attirant à elle, les levant autant que possible. Elle forme ainsi avec le corps de l'homme un arc dont elle est la flèche.

Le *mouvement alternatif de percement :* l'homme, étant assis sur les fesses, approche ses deux pieds de son membre, les plantes tournées vis-à-vis, les cuisses à plat. La femme s'assied sur les pieds de l'homme que celui-ci a soin de tenir fermes. Dans cette position, les cuisses de la femme doivent être fixées aux flancs de l'homme, dont elle enlacera le cou avec les bras. L'homme saisit ensuite les jambes de la femme près des chevilles, et, rapprochant ses propres pieds de son corps, il amène ainsi la femme, qui s'y trouve assise, à portée de son membre qu'il introduit. Par le mouvement de ses pieds, il renvoie la femme à sa place initiale, sans faire sortir complètement le membre, puis il la ramène à lui et ainsi de suite.

Le *pilement sur place :* l'homme est assis, les jambes étendues, ou en lotus. La femme se place sur ses cuisses, croisant ses jambes derrière le dos de l'homme, la vulve vis-à-vis du membre qu'elle introduit. Elle entoure le cou de l'homme de ses bras, et lui, la tenant par les côtés et la taille, la fait monter et descendre sur sa verge.

Il est incontestable que certaines de ces postures relèvent du tour de force et de la pure acrobatie. Nombre d'entre elles s'adressent à des femmes habituées à se mettre spontanément dans la position du lotus, ou du demi-lotus, ce qui n'est guère si fréquent sous nos latitudes.

Lorsqu'un homme jouit simultanément de deux femmes qui l'aiment également, cela s'appelle l'*union double.* Si les deux femmes s'entendent particulièrement bien il pourra pénétrer l'une et l'autre alternativement. Le même cas de figure peut se présenter si deux hommes aiment la même femme, la femme étant pénétrée alternativement ou simultanément par l'un et par l'autre.

Lorsqu'un homme jouit en même temps de plusieurs femmes, cela s'appelle le *congrès du troupeau de vaches*.

Il existe aussi une forme de copulation qui voit plusieurs mâles se satisfaire en satisfaisant les désirs d'une seule femme. Celle-ci peut être mariée à l'un d'eux, ou être une courtisane ou une prostituée. L'un la maintient, l'autre la pénètre, un troisième suce sa bouche, un quatrième ses seins, un cinquième mord ses hanches, etc. ; chacun jouit tour à tour de toutes ses parties, elle jouissant de chacun au gré des figures que leur désir compose.

Lorsqu'un homme jouit simultanément de deux femmes qui l'aiment également, cela s'appelle l'union double.

DES COUPS ET GÉMISSEMENTS

Le corps est le champ de bataille des amants, le commerce sexuel pouvant être comparé à un combat que les contrariétés et les querelles des amoureux ne manquent jamais d'épicer. Les armes des amants sont la main et les doigts. Les épaules, la tête, les seins et l'espace entre les seins, le dos, le bas-ventre, les cuisses, les hanches sont les endroits que l'on frappera le plus volontiers.

Il y a quatre manières de frapper : avec le dos de la main, avec les doigts légèrement repliés, avec la paume de la main ouverte, avec le poing. À chaque manière de frapper correspond une douleur, et à chaque douleur un bruit sifflant, un soupir, un gémissement ou même un cri.

On distingue divers sifflements et huit sortes de petits cris proférés par la femme sous les coups de son amant : hinn ! phra ! phat ! sout ! et plat ! le cri tonnant, le roucoulant, le pleurant. Les cris peuvent se transformer en mots, d'imploration : « arrête ! », « moins fort ! », ou de désir : « encore ! », « maman ! », « au secours ! ». Certaines femmes n'hésitent pas à proférer des obscénités, suivies ou précédées en cela par leur amant. Les mots orduriers et les coups contribuent alors à exacerber le désir. Dans la passion, tout est passion. À la liste des divers échos sonores que produit la guerre d'amour on peut adjoindre des sons qui, chez la femme, imitent ceux de la colombe, du coucou, du pigeon, du perroquet, de l'abeille, du moineau, du canard ou de la caille.

Les coups de poing se donnent sur le dos de la femme, quand elle est assise sur les genoux du bien-aimé ; elle lui répondra de plus belle, mimant la colère, et faisant entendre des sons roucoulants ou pleurants.

Au moment de la pénétration, l'homme frappe l'espace entre les seins du dos de la main, lentement puis de plus en plus vite, au rythme de l'excitation.

Si la femme n'est pas habituée aux coups donnés pendant l'amour, elle se défend avec des mots tels que « assez », « arrête », « non », entrecoupés de sons pleurants, tonnants ou gémissants.

En règle générale, l'amant qui excelle aux choses de l'amour sait apprécier l'effet sur sa partenaire des coups qu'il lui porte. D'après ses réactions, il devra se restreindre ou, au contraire, redoubler. Vers la fin de l'union, on pétrit violemment les seins ou les fesses. Avec certaines partenaires, on peut également pincer fortement la pointe des seins, ce qui, effectué au moment de l'orgasme, en décuple l'intensité.

L'homme qui possède à fond la science de l'amour, et qui connaît sa propre force, comme aussi la tendresse, l'ardeur et la force de sa maîtresse, agira en conséquence.

L'amant qui excelle aux choses de l'amour
sait apprécier l'effet sur sa partenaire
des coups qu'il lui porte.

DE L'INVERSION DES RÔLES

L'homme doit s'efforcer de donner du plaisir à la femme par tous les moyens. Il saisira donc chaque occasion qu'elle lui offre de lui prouver son désir. Si, par exemple, la femme est étendue sur le lit et comme absorbée par sa conversation ou par ses pensées, il se pressera contre elle, dénouera sa jupe, et, pour vaincre ses réticences, la couvrira de baisers, s'approchant adroitement des seins, qu'il découvrira, avant de les embrasser, en insistant particulièrement sur les mamelons. Sentant son membre se dresser, et sa partenaire faiblir, il promènera ses mains en divers endroits très sensibles de son corps, sans brusquerie, mais avec persévérance. Si sa partenaire semble mal à l'aise, ou s'il s'agit d'une première rencontre intime, il s'arrangera pour placer sa main entre ses cuisses, qu'elle serrera instinctivement. Dans le cas d'une très jeune fille, il effleurera ses seins des deux mains, qu'elle recouvrira sans doute promptement, ne sachant trop si elle désire qu'il les y laisse ou qu'il les retire. Si elle est vraiment terriblement intimidée, il se contentera de lui caresser l'épaule ou le cou.

Avec une femme d'expérience, il fera ce qui leur sera agréable, et approprié à leur humeur du moment. Ensuite, il saisira la chevelure de sa partenaire, et lui prendra le menton dans la main pour lui baiser les lèvres. À ce moment, une jeune fille fermera probablement les yeux, et essaiera sans doute de se détourner, avec plus ou moins de conviction ; quelle que soit la réaction de sa partenaire, il n'aura de cesse d'observer son comportement pour décider de la conduite à suivre et de la manière de rendre le congrès agréable pour tous deux.

On peut affirmer, d'une manière très générale, qu'une femme commence à éprouver du plaisir quand son corps se relâche, qu'elle ferme les yeux, indifférente à ce qui l'entoure, et, par des mouvements de plus en plus saccadés du bassin, montre un désir croissant d'unir les deux organes aussi étroitement que possible. D'un autre côté, si elle se met à frapper le lit avec les mains, à respirer bruyamment en gardant les yeux ouverts, ou en prononçant quelque parole ironique, à empêcher l'homme de se lever, à essayer de le mordre, à le frapper ou à continuer de s'agiter d'un air dépité après qu'il a conclu, on peut être sûr qu'elle est insatisfaite. Si elle n'a pas quitté le lit, l'homme devra lui caresser le sexe du bout des doigts, comme l'éléphant fait avec sa trompe, et, dès qu'il sent une moiteur propice, réengager l'assaut et introduire son membre.

Selon les circonstances, l'intimité présente des amants, la force de leur désir ou leurs goûts personnels, on distingue, s'agissant de la vulve de la femme, neuf manières principales de pénétration (à ne pas confondre avec les postures du coït).

Avec une femme d'expérience, il fera ce qui leur sera agréable, et approprié à leur humeur du moment.

La *classique pénétration en avant* — les deux organes, bien en face l'un de l'autre, tendent à se rapprocher le plus possible.

Le *barattage* — l'homme saisit son membre érigé dans la main et le fait tourner en rond dans la vulve, en appuyant bien sur les bords, comme dans le barattage du beurre.

Le *percement* — le *yoni,* s'abaissant, est frappé sur sa partie supérieure par le *lingam.*

Le *frottement* — lorsque même chose est faite sur la partie inférieure.

La *pression* — l'homme maintient son membre bien au fond de la matrice.

Le *coup* — l'homme retire son membre de la vulve avant de l'y réintroduire fébrilement ou doucement. En alternant pénétration et retrait, on « aère » le membre, ce qui lui redonne de la vigueur, retarde l'éjaculation et exacerbe le plaisir de la femme.

Le *coup du sanglier* — le membre ne frotte que d'un seul côté de la vulve.

Le *coup du taureau* — on frappe alternativement des deux côtés, comme un taureau montre ses cornes en piétinant l'arène.

La *chasse au moineau* — c'est une succession de mouvements rapides d'aller et retour dans le *yoni,* qui précède généralement l'éjaculation de l'homme.

Lorsqu'une femme voit son amant fatigué par un congrès prolongé, sans qu'il ait assouvi son désir, pour peu qu'il ne soit pas en train de dormir, elle ne doit pas hésiter à inverser les rôles. Si son amant est curieux ou, plus simplement, amoureux, il aurait mauvaise grâce à se montrer réticent. Il y a deux façons d'opérer : la femme, pendant le congrès, pivote sur elle-même de manière à ne pas interrompre l'acte ; ou bien elle prend la position de l'homme dès le début, la chevelure dénouée, souriante et haletante à la fois, pressant ses seins sur la poitrine de son amant, le caressant et l'excitant de toutes les manières dont il avait l'habitude, l'invectivant sans honte ni pudeur : « Je vais te faire tout ce que j'aurais aimé que tu me fasses ! »

Outre les neuf modes décrits plus haut, la femme peut pratiquer les trois suivants.

Les *pincettes* — cela consiste à comprimer pendant un certain temps le sexe de l'homme entre les lèvres de la vulve.

La *toupie* — une fois le membre introduit, la femme tourne autour de l'homme, comme une roue horizontale autour d'un moyeu. Cela demande de la pratique.

La *balançoire* — l'homme soulève son bassin, et la femme exécute avec le bassin et les fesses un mouvement de balancement tournant ou d'arrière en avant autour de l'instrument.

Fatiguée, la femme posera son front sur celui de son amant, toujours unie à son sexe. Quand elle sera reposée, l'homme se retournera et recommencera éventuellement le congrès en reprenant son rôle.

Lorsqu'une femme voit son amant fatigué par un congrès prolongé, sans qu'il ait assouvi son désir, elle ne doit pas hésiter à inverser les rôles.

DU CONGRÈS BUCCAL

Il y a deux sortes d'eunuques, les uns déguisés en hommes, les autres en femmes. Ceux habillés en femmes imitent celles-ci en tout : costume, parler, gestes, gentillesse, timidité, simplicité, douceur et modestie. Les actes qui s'opèrent sur le *jadgana,* ou bas-ventre de la femme, se font dans la bouche de ces eunuques : c'est ce qu'on appelle *auparishtaka,* ou congrès buccal. Ces eunuques y trouvent un plaisir d'imagination et un gagne-pain qui leur permet de mener la vie des courtisanes, surtout ceux déguisés en femmes.

Les eunuques se faisant passer pour des hommes gagnent leur vie comme masseurs. Sous prétexte de vous masser, l'eunuque touche les attaches des cuisses ou les parties centrales du corps. Si le client ne dit pas à l'eunuque de continuer, celui-ci prend sur lui de le faire et commence le congrès ; si, au contraire, le client lui ordonne d'agir, l'eunuque prend un air offusqué et ne consent enfin qu'avec difficulté.

L'auteur distingue huit opérations principales :

le *congrès nominal — le mordillage des côtés* — la *pression-succion extérieure* — la *pression-succion intérieure* — le *baiser* — le *polissage* —la *succion de la mangue* — l'*absorption*.

Chacune de ces opérations terminés, l'eunuque fait mine de s'arrêter, attendant que son client lui demande de poursuivre.

Lorsque, tenant le *lingam* de l'homme avec la main, l'eunuque le place entre ses lèvres, cela s'appelle le *congrès nominal*.

Lorsque, enveloppant l'extrémité du *lingam* avec ses doigts rassemblés en forme de bouton de fleur, l'eunuque en presse les côtés avec les lèvres, en mordillant légèrement, cela s'appelle le *mordillage des côtés*.

Lorsque, sollicité de continuer, l'eunuque presse le bout du lingam avec ses lèvres serrées et le baise comme s'il voulait le sucer, cela s'appelle la *pression-succion extérieure.*

Lorsqu' il introduit le *lingam* plus avant dans la bouche, le presse avec les lèvres tout en remontant vers le gland, de manière à le laisser ressortir, cela s'appelle la *pression-succion intérieure.*

Lorsque, enveloppant le *lingam* de la main, l'eunuque le baise et le suce, cela s'appelle le *baiser.*

Lorsque, après l'avoir baisé, il le caresse partout avec la langue, et particulièrement sur le gland, cela s'appelle le *polissage*.

Lorsque, continuant de la sorte, il en introduit la moitié dans la bouche, en le pressant

On peut, durant ces différentes opérations, agrémenter chaque étape de quelques coups, griffures, tiraillements légers des poils des testicules.

سابد و انجا که بالبیت حکیمانه معالجه دردش به بر و جفت زان ابلیس بینه ارزوی کمان نفیس در متن کار سر از

بر ده برون کرده سر بر زانوی نموده

fortement de la main, cela s'appelle l'intense plaisir par la *succion de la mangue*.
Enfin, quand il introduit le *lingam* entier dans la bouche et le presse de la main jusqu'à la racine, tout en le comprimant entre le palais et la langue, cela s'appelle l'*absorption*, prélude, en général, à l'éjaculation. Rien n'étant dit sur le sort réservé à la semence, chacun et chacune devra faire comme il le sent.
On peut, durant ces différentes opérations, agrémenter chaque étape de quelques coups, griffures, tiraillements légers des poils des testicules, lèchements de celles-ci et autres fantaisies inspirées par l'humeur du moment.
Cette forme de coït est également pratiquée par des femmes aux mœurs dissolues ou des libertines, par des servantes non mariées, qui vivent de la profession de masseuse. Certains anciens affirment que cette pratique est indigne de l'homme, prohibée par les Écritures, mais Vatsyayana soutient que les prohibitions des Écritures ne s'appliquent pas à ceux qui fréquentent les courtisanes, et que cette pratique n'est défendue qu'avec les femmes mariées.
À propos de la « pureté » ou de l'« impureté » de cet acte, on dit que le pis d'une vache est propre au moment où on la trait, quoique la bouche d'une vache soit considérée comme malpropre ; de même qu'un chien est propre lorsqu'à la chasse il ramène du gibier, quoique la nourriture touchée par un chien soit considérée comme très malpropre. De manière similaire, un oiseau est propre quand il fait tomber un fruit d'un arbre en le becquetant, quoique des aliments consommés par des corbeaux ou autres oiseaux soient considérés comme malpropres. La bouche d'une femme aussi est propre, pour donner ou recevoir des baisers, et pour tous autres actes de même nature au moment du coït. Vatsyayana, en fin de compte, estime qu'en toutes ces manières chacun agira selon les coutumes de son pays ou sa propre inclination.
Il y a aussi, sur ce sujet, des versets dont voici la teneur :
« Les serviteurs mâles de certains hommes pratiquent avec leur maître le congrès buccal. Et certains citoyens qui se font mutuellement confiance le font entre eux. Des femmes du harem, amoureuses, agissent de la bouche sur les *yonis* l'une de l'autre, et certains hommes font de même avec certaines femmes, qui leur rendent la pareille, les deux pratiquant alors le congrès du corbeau, ou inversé. »
Enfin, ces sortes de relations passionnent tellement certaines courtisanes, qu'elles n'hésitent pas à abandonner des amants distingués, honnêtes et instruits, pour s'attacher à des personnes de basse condition, telles que des esclaves ou des conducteurs d'éléphants. Le congrès buccal ne devrait jamais être pratiqué par un brahmane lettré, un ministre chargé des affaires de l'État. Finalement, chacun devra se fier au lieu, au temps, à ses partenaires et à sa fantaisie. Après tout, ces choses étant faites dans l'intimité, et l'esprit de l'homme étant changeant, comment savoir ce que fera Untel, à tel moment, en telle circonstance ?

En toutes ces manières chacun agira
selon les coutumes de son pays
ou sa propre inclination.

DES FILLES QUE L'ON ÉPOUSE

On devra porter son choix sur une fille de même caste, vierge, d'une famille riche et respectée, dont les parents sont vivants, et qui aura trois ans ou plus de moins que le prétendant. La fille sera belle, douée, avec des signes de bon augure sur le corps : ongles, dents, oreilles, yeux et seins seront réguliers, tels qu'ils doivent être, ni plus ni moins, et au complet. Elle jouira d'une bonne santé. L'homme devra posséder ces mêmes qualités.

Pour mener à bonne fin un projet de mariage avec une telle fille, les parents et les amis de l'homme doivent unir tous leurs efforts, aussi bien que les amis des deux côtés dont l'assistance peut être réclamée. Il s'agit d'organiser une véritable conjuration affective destinée à unir les deux tourtereaux. Ainsi, les amis du prétendant révèleront aux parents de la fille les défauts, présents et futurs, de tous les autres hommes qui peuvent la courtiser, exaltant jusqu'à l'hyperbole les mérites de leur ami. Un des amis pourra aussi se déguiser en astrologue et pronostiquer l'heureuse fortune et la richesse future de son ami. D'autres pourront éveiller la jalousie de la mère, en lui disant que leur ami a des chances de trouver ailleurs un parti encore supérieur à sa fille.

Se marier ne relève pas du caprice, et la liste est longue des défauts d'une fille qui la condamneront au célibat : on n'épouse pas une fille qui dort trop, qui pleure souvent, qui se promène seule, qui est absente de la maison le jour de la demande en mariage ; on doit éviter celle qui vit cloîtrée, ou qui a un nom malsonnant, un nez déprimé, ou les narines relevées, des formes de garçon, la peau trop noire, ou trop blanche, etc.

Pourtant, au dire de quelques sages, on ne peut être heureux qu'en épousant une fille à laquelle on s'attache ; il est donc exclu d'épouser une autre fille que celle qu'on aime.

Quand la fille devient bonne à marier, ses parents la produisent partout où elle sera aisément vue de tous. Chaque après-midi, habillée et parée, ils l'envoient avec ses jeunes compagnes aux sports, sacrifices et cérémonies de mariage, l'exposant ainsi à son avantage, attendu qu'elle est une sorte de marchandise. Ils doivent aussi faire bon accueil aux personnes de favorable apparence que leurs parents ou amis leur amèneraient ; ils habilleront leur fille élégamment, sous un prétexte ou un autre, et la leur présenteront. Cela fait, ils attendront le bon plaisir de la fortune, et fixeront tel ou tel jour pour décider du mariage. Ce jour-là, lorsque les amis du prétendant seront arrivés, les parents les inviteront à se baigner et à dîner, et leur diront : « Tout viendra en son temps », et, sans donner de suite immédiate, renverront l'affaire à plus tard, manière de confirmer que le prétendant est accepté.

Au dire de quelques sages, on ne peut être heureux qu'en épousant une fille à laquelle on s'attache.

INITIATION SEXUELLE DE LA VIERGE

Pendant les trois premiers jours qui suivront le mariage, l'homme et la femme coucheront sur le plancher, s'abstiendront de plaisirs sexuels, prendront leur nourriture en l'assaisonnant d'alcali et de sel, évitant les épices. Les sept jours suivants, ils se baigneront en musique, se pareront, dîneront ensemble, et feront des visites à leurs parents et à toutes les personnes qui auront pu assister à leur mariage. Cela est valable pour toutes les castes.

Le soir du dixième jour seulement, le mari retrouvera sa femme seul à seule et aura des mots tendres destinés à lui inspirer confiance.

Il procèdera à quelques étreintes brèves et légères, de manière à l'habituer et à lui laisser le temps de reconnaître ce qui lui plaît le mieux. Il ne s'attachera qu'à la partie supérieure de son corps ; si la fille est d'un certain âge, ou si l'homme la connaît depuis quelque temps, il pourra l'embrasser à la lueur d'une lampe ; sinon, ou si elle est très jeune, il doit l'embrasser dans l'obscurité.

Lorsque la fille aura consenti à se laisser embrasser, il lui mettra dans la bouche un *tambula*, ou morceau de noix de bétel entouré d'une feuille ; si elle refuse de le prendre, il devra l'en prier, lui jurer son amour, en dernier recours s'agenouiller, car, quelles que soient sa timidité ou sa gêne ou sa colère, une femme est toujours sensible à un homme à ses pieds. Au moment où il lui donnera ce *tambula*, il lui embrassera les lèvres doucement sans mot dire. Ce point acquis, il l'engagera à parler en lui posant des questions sur des sujets qu'il fera mine d'ignorer. Si elle garde le silence, il reposera les mêmes questions d'un ton conciliant. Si elle ne parle pas davantage, il la pressera de répondre car, selon Ghotakamukha : « Même silencieuses, les jeunes filles ne perdent pas un mot de la conversation des hommes. » Ainsi pressée, la fille répondra, au moins par un mouvement de tête, quand, en la brusquant, elle se serait butée dans son mutisme. Aux questions de l'homme lui demandant s'il lui plaît, si elle l'aime, elle s'abstiendra longtemps de répondre. Pressée de répondre, elle confirmera d'un bref mouvement de tête. Sinon, l'homme finira par en rire, lui cherchant querelle sans méchanceté, ce qui aura le don de maintenir le contact entre eux.

Si la fille est familière avec l'homme, ou suffisamment détendue, elle placera près de lui, sans un mot, le *tambula,* l'onguent ou la guirlande qu'il lui aura demandé. Alors, le mari effleurera le bout de ses seins. Si elle a un mouvement de recul, il dira : « Je ne le ferai plus si tu acceptes de m'embrasser », l'amenant ainsi à l'embrasser, ce qui lui fournira l'occasion de palper plus avant son corps et, tout doucement, de la faire

Aux questions de l'homme lui demandant s'il lui plaît, si elle l'aime, elle s'abstiendra longtemps de répondre.

asseoir sur ses genoux. Maintenant, bien excité, il tentera d'en obtenir plus, mais, si elle résiste, il la menacera : « Je vais imprimer la marque de mes dents et de mes ongles sur tes lèvres et sur tes seins ; je ferai des marques identiques sur mon corps, et je dirai à mes amis que tu en es l'auteur. Et que répondras-tu ? »

C'est de cette manière, ou peu s'en faut, qu'on insinue la crainte et la confiance dans l'esprit des enfants, et l'homme devra ainsi obtenir de la fille ce qu'il désire.

La deuxième et la troisième nuit, lorsque la confiance se sera encore accrue, il lui touchera le corps tout entier avec les mains, et déposera des baisers partout ; il mettra aussi ses mains sur ses cuisses, et, si elle laisse faire, il les massera. Dans le cas contraire il dira : « Quel mal y a-t-il à ça ? » Ce point acquis, il s'aventurera dans ses parties intimes, dénouera sa ceinture et le nœud de sa robe, et, relevant sa jupe de dessous, massera les jointures de ses cuisses dénudées. Tous ces gestes seront faits sous différents prétextes, mais le moment ne sera pas venu d'entamer véritablement le congrès. Ainsi, il frottera son membre contre ses cuisses, sans chercher à aller plus loin. Il évoquera l'amour qu'il a d'elle, lui narrera des histoires propices à faire éclore des sentiments favorables, évoquera la fidélité du couple vrai, insistera sur les espérances qu'il caressait à son sujet, dissipera toutes ses craintes au sujet d'éventuelles rivales, parvenant ainsi peu à peu à gagner l'affection de la jeune fille et à la mettre dans un état de décontraction et de bien-être favorable à l'entame du congrès.

Telle est la façon d'inspirer confiance à une jeune femme inexpérimentée.

Sur ce sujet, les versets suivants ont été écrits :

« Un homme qui agit conformément aux inclinations d'une fille doit essayer de l'apprivoiser de telle sorte qu'elle puisse l'aimer et lui donner sa confiance. On ne réussit ni en respectant aveuglément les sentiments d'une fille, ni en s'y opposant de front, mais il faut adopter un moyen terme. Celui qui sait se faire aimer des femmes respecte leur amour-propre et leur inspire confiance. Mais celui qui dédaigne une fille parce qu'elle lui semble trop empruntée, gauche ou mal à l'aise, n'obtiendra que son mépris. Elle le regardera comme un homme incapable de dépasser les apparences. Comme une brute. Par contre, une fille possédée de force par un homme ignorant du cœur féminin deviendra nerveuse, hostile, abattue et haineuse envers l'homme qui l'a violentée, tombera dans le désespoir et se prendra à voir un ennemi dans tout homme qu'elle rencontrera ; ou, si elle déteste particulièrement son mari, elle aura recours à d'autres hommes. »

On ne réussit ni en respectant aveuglément les sentiments d'une fille, ni en s'y opposant de front.

DU PRÉTENDANT INFORTUNÉ

Il a des qualités, mais il est pauvre, ou bien sa famille n'est pas honorable et son éducation laisse à désirer ; il est riche, mais ce n'est que le voisin de celle qu'il convoite, il vit sous la dépendance de ses parents ou de ses frères : s'il veut se marier, il devra se faire aimer et estimer de la fille dès son enfance.

Un garçon privé de sa famille paternelle ou maternelle depuis l'enfance, et élevé par un oncle, essaiera de gagner le cœur de la fille de celui-ci, dans le but d'acquérir richesse et position sociale, ce qui est bien considéré dans le sud de l'Inde ; ou bien il cherchera une autre fille, étrangère à la famille.

Lorsqu'un garçon aura commencé à courtiser celle qu'il aime, il passera son temps avec elle et l'amusera par différents jeux et divertissements de son âge et de sa condition, tels que de cueillir et rassembler des fleurs, tresser des guirlandes, jouer le rôle de membre d'une famille fictive, faire cuire des aliments, jouer aux dés, aux cartes, à pair ou impair, à reconnaître le doigt du milieu, aux six cailloux, et autres jeux semblables qui pourront être en faveur dans le pays et plaire à la fille. Il organisera en outre d'autres jeux auxquels participeront plusieurs personnes : parties de cache-cache, jeu des graines, colin-maillard, etc. L'homme devra aussi marquer une grande bienveillance pour telle ou telle femme que la jeune fille tiendra pour sa confidente. Mais, avant tout, il doit gagner la confiance de la fille de la nourrice de sa bien-aimée. Celle-ci, même connaissant son véritable caractère, ne cessera de dire du bien de lui auprès des parents de la jeune fille.

Le garçon s'efforcera de lui offrir des jouets ou des objets inconnus de la plupart de ses compagnes. Il lui donnera toutes sortes de poupées, en drap, en bois, en corne de buffle, en ivoire, en cire, en pâte ou en terre ; des ustensiles de cuisine, des figures de bois, des temples en terre, en bambou, des cages à perroquet, coucous, sansonnets, cailles, coqs et perdrix, des machines à projeter de l'eau, des guitares, des supports à images, des tabourets, de la laque, de l'arsenic rouge, de l'onguent jaune, du vermillon, du collyre, du bois de santal, du safran, des noix de bétel, tout ce qui brille et qu'elle peut désirer, profitant de chaque occasion de la voir en tête à tête, ne serait-ce qu'un bref moment en public.

Quand il aura obtenu d'elle un rendez-vous intime, il lui dira que tous les cadeaux qu'il lui a donnés, une autre aurait été bien aise de les recevoir. Lorsque la jeune fille paraîtra l'aimer davantage, il l'amusera par quelques anecdotes, ou bien, si elle prend plaisir aux tours de main, l'émerveillera par son habileté dans les jeux de passe-passe. Si elle

Lorsque la jeune fille paraîtra l'aimer davantage, il l'amusera par quelques anecdotes.

aime le chant, il se montrera musicien ; certains jours, lorsqu'ils iront ensemble aux foires et festivals de clair de lune, ou lorsqu'elle rentrera chez elle après une absence, il lui offrira des bouquets de fleurs, des ornements de tête, des boucles d'oreille, des bagues.

Il enseignera aussi à la fille de la nourrice, dans leur totalité, les soixante-quatre moyens de plaisir pratiqués par les hommes et n'hésitera pas à lui vanter ses talents en ce domaine. Il aura pris soin d'être parfaitement vêtu, les femmes étant très sensibles à l'aspect extérieur des hommes.

Voici maintenant décrits les signes extérieurs par lesquels se trahit invariablement l'amour d'une jeune fille.

Elle ne regarde jamais l'homme en face, et rougit lorsqu'il la regarde ; sous un prétexte ou un autre, elle lui fait voir ses membres et rajuste son sari ; elle le regarde à la dérobée lorsqu'il s'éloigne, baisse la tête s'il lui pose une question, lui répond par des mots indistincts ou des phrases inachevées ; elle aime rester longtemps dans sa compagnie, parle à ses servantes sur un ton particulier, dans l'espoir d'attirer son attention, lorsqu'il se trouve à une certaine distance ; ne veut pas quitter le lieu où il se trouve ; sous un prétexte ou un autre lui montre différents objets ; elle lui raconte des anecdotes en parlant très lentement, de manière à prolonger l'entretien ; elle câline un enfant assis sur ses genoux, dessine des marques ornementales sur le front de ses servantes, exécute des gestes brusques et gracieux lorsque ses servantes lui tiennent des propos amusants en présence de son amoureux ; elle se confie à ses amis, les respecte, les écoute attentivement lorsqu'ils évoquent son prétendant ; elle entre dans sa maison lorsque la fille de sa nourrice l'y invite, et, par son intermédiaire, s'arrange pour causer avec lui ; elle évite de se laisser voir par lui si elle n'est pas présentable ; lui envoie par une amie les bijoux et ornements d'oreille, anneaux, guirlandes qu'il lui a demandés ; elle porte continuellement un objet qu'il lui a offert et montre une grande tristesse si ses parents évoquent un autre prétendant, refusant de fréquenter l'entourage de ce dernier ou ceux qui prennent son parti.

Il a été écrit ceci du propos qui nous occupe :

« Un homme qui a percé à jour les sentiments qu'éprouve une jeune fille à son égard, et qui a remarqué les signes et mouvements extérieurs qui trahissent ses sentiments, doit tout faire pour s'unir à elle. Si c'est une très jeune fille, il gagnera sa confiance par des jeux de son âge, si c'est une jeune femme, il la séduira par ses goûts artistiques, si c'est une femme qui l'aime, grâce à des intermédiaires de toute confiance. »

Un homme qui a percé à jour les sentiments
qu'éprouve une jeune fille à son égard,
doit tout faire pour s'unir à elle.

DES FILLES ENTREPRENANTES

Une jeune fille douée de qualités, bien élevée, quoique d'une caste inférieure, ou sans fortune, et qui, par conséquent, ne constitue pas un beau parti ; ou bien une orpheline, mais qui observe les règles de sa famille et de sa caste, doit se montrer entreprenante lorsqu'elle est en âge de se marier. Elle jettera son dévolu sur un jeune homme sain et honnête, ou un autre, apparemment dépourvu de charme, ou peu viril, qu'elle pensera attraper facilement, même sans le consentement de ses parents, profitant de son manque de caractère.

Dans ce but, elle cherchera toutes les occasions de le rencontrer. Sa mère, ses amies, sa nourrice mettront tout en œuvre pour les réunir aussi souvent que possible. Quand elle se trouvera seule avec lui, elle lui donnera des fleurs, du bétel, des parfums, ou lui montrera son adresse dans les arts, le massage, l'égratignure ou la pression des ongles. Elle lui parlera de sujets qui l'intéressent, et l'orientera dans une discussion sur le meilleur moyen de séduire une jeune fille.

Cependant, si intense que soit son désir, elle ne doit pas s'offrir d'elle-même, car elle s'expose à être rejetée et méprisée. Si l'homme semble conquis, elle doit lui donner l'impression qu'il est maître de la situation, accepter quelques privautés, mais paraître froide ou peu enthousiaste s'il l'embrasse. Elle refusera qu'il l'embrasse sur la bouche ou qu'il lui touche les cuisses, dans un premier temps. Elle pourra accepter des caresses plus intimes ultérieurement, après avoir fait beaucoup de difficultés, et ce n'est que lorsqu'elle sera sûre qu'il veut l'épouser, et qu'il ne changera pas d'avis, qu'elle se donnera à lui. Aussitôt, elle en avertira ses amies.

Ainsi finissent les efforts d'une jeune fille pour s'attacher un homme.

Voici à ce propos quelques versets :

« Une fille qui est très recherchée doit épouser l'homme qu'elle aime, et qu'elle pense devoir lui être obéissant et être un bon amant. Un mari obéissant, mais toutefois maître de lui, même s'il est pauvre et laid, est préférable à un autre, beau et attrayant, qui a plusieurs femmes. Les femmes mariées à des hommes riches qui ont beaucoup de femmes ne leur sont généralement pas attachées ; elles éprouvent le besoin de connaître d'autres hommes. Un homme d'esprit grossier, trop porté à voyager, ou tombé dans la misère, ne mérite pas qu'on l'épouse ; de même, celui qui a beaucoup de femmes et d'enfants, aime les jeux de plein air et le jeu, et ne vient honorer sa femme que rarement. Entre divers prétendants de qualité, elle devra élire celui qui a la préférence de son cœur, le mari d'amour. »

Elle jettera son dévolu sur un jeune homme sain et honnête.

De la femme mariée

Une femme vertueuse, qui a de l'affection pour son mari, doit le considérer comme un être divin : avec son consentement, elle prendra sur elle toute la charge de la famille. Elle tiendra la maison entière bien propre, y disposera, dans les différentes pièces, des fleurs de sortes et nuances variées, et rendra le plancher uni et poli, de manière à donner au tout un air de propreté et de décence. Autour de la maison, elle entretiendra un jardin ; en outre, elle honorera, dans leur sanctuaire, les dieux domestiques, car, observe Gonardiya, « rien n'attache le cœur d'un chef de maison à sa femme comme la scrupuleuse observation des règles ci-dessus fixées ».

La maîtresse de maison devra toujours éviter la compagnie des mendiantes, bouddhistes ou autres, des femmes débauchées et fourbes, des diseuses de bonne aventure, et des sorcières. Pour les repas, elle tiendra toujours compte de ce que son mari aime ou n'aime pas, de ce qui lui profite ou non. Aussitôt qu'elle entend le bruit de ses pas, elle doit se lever, prête à faire ce qu'il ordonnera, et commander à ses servantes de lui laver les pieds, si elle ne les lui lave pas elle-même. Toutes les fois qu'elle sortira avec lui, elle mettra ses ornements, et ce ne sera jamais sans son consentement qu'elle donnera ou acceptera des invitations, assistera aux mariages, ou visitera les temples. De même, elle s'assiéra toujours près de lui et se lèvera avant lui, et ne l'éveillera jamais lorsqu'il dormira.

Au cas où son mari se serait mal conduit, elle ne devra pas le blâmer avec excès, quel que puisse être son déplaisir. Elle n'usera pas envers lui d'un langage injurieux, mais lui fera des reproches mêlés de paroles conciliantes, qu'il soit avec des amis ou seul. Surtout, elle ne sera pas querelleuse, car « il n'y a rien qui dégoûte un mari comme ce travers chez une femme ».

La femme mariée ne devra pas dire aux étrangers le montant de sa fortune, ni les secrets que son mari lui aura confiés. Elle surpassera toutes les femmes de son rang par son adresse, son bon air, sa connaissance de la cuisine, la dignité de sa tenue et sa manière de servir son mari.

Si son mari part en voyage, la femme vertueuse ne gardera sur elle que ses ornements porte-bonheur. Elle dormira dans le voisinage des femmes les plus âgées, n'ira chez ses parents et amis qu'à l'occasion d'une réjouissance ou d'un deuil, et n'y restera pas longtemps. Au retour de son mari, elle le recevra d'abord dans son costume ordinaire, de façon qu'il puisse voir comment elle s'est tenue en son absence, et lui apportera quelques présents.

Elle tiendra la maison entière bien propre, de manière à donner au tout un air de propreté et de décence.

DES COURTISANES

Dans l'Inde ancienne, la courtisane, ou prostituée de luxe, avait une place de choix dans la société, à l'instar de l'hétaïre en Grèce ou de la geisha du Japon impérial. Outre leur beauté, leur instruction, leurs talents artistiques et leur art de vivre en faisaient des fleurons de la société, ce qui leur valait le respect des grands et la considération du peuple.
« Il y a des femmes qui cherchent de l'amour, et il y en a d'autres qui cherchent de l'argent ... » C'est le début d'un verset ancien que les courtisanes indiennes ont su illustrer, s'arrangeant souvent pour faire d'une pierre deux coups, obtenant le plaisir et l'argent. La courtisane qui aime l'homme qui couche avec elle a avec lui une conduite naturelle ; celle qui n'a en tête que l'argent a un comportement artificiel, mais elle devra se conduire comme si elle aimait, car les hommes sont flattés de se croire aimés, et sont facilement abusés par une femme qui dit les aimer. La courtisane intéressée ne devra pas non plus user de moyens illégaux pour profiter de l'argent de cet homme.
La courtisane, bien habillée et portant ses bijoux, doit se tenir assise ou debout à la porte de sa maison, sans trop parader ; elle regardera la rue de manière à être vue, car elle est aussi un objet d'exposition en vente. Outre sa beauté et son charme, ses qualités seront celles que l'on attend d'une femme dont la vie est de séduire : esprit d'à-propos, amie des arts, bonnes manières, ferme mais sachant s'adapter au milieu qui la reçoit, ayant son franc-parler ; et bien sûr, experte en amour, elle sera de la même catégorie que l'homme auquel elle s'attachera.
La société que fréquente une courtisane lui permet à la fois de gagner sa subsistance et de se protéger. Parmi ses relations, on trouvera des personnes susceptibles de l'aider à brouiller certains hommes avec d'autres femmes, à s'enrichir, ou qui la protégeront des insultes ou des humiliations ; citons les gardes des villes, policiers, hommes puissants, prêteurs, maîtres des soixante-quatre arts, astrologues, officiers des cours de justice, savants, confidents, parasites mondains, marchands de fleurs, parfumeurs, barbiers, hommes pauvres intéressés, mendiants, bateleurs – la liste n'est pas close et concerne toutes les strates de la société.
Les hommes qu'elle fréquentera uniquement pour l'argent se recrutent parmi les héritiers mâles fils uniques, les hommes libres de tout lien, les fonctionnaires de la cour, ceux qui ont des revenus assurés, ceux qui se croient beaux ou irrésistibles, les eunuques qui veulent se faire passer pour des hommes, ceux qui sont naturellement généreux, qui ont de l'influence à la cour, qui sont d'un caractère égal, ceux qui étalent

La société que fréquente une courtisane lui permet à la fois de gagner sa subsistance et de se protéger.

leurs richesses, un fils cadet qui ne supporte plus l'autorité de son aîné, le médecin du roi, un ascète titillé par le sexe, d'anciennes connaissances dont elle ravivera l'amitié.
Par amour, par amour-propre ou par un intérêt purement intellectuel, la courtisane peut fréquenter des hommes doués d'excellentes qualités, à savoir : des hommes bien nés, des poètes, des hommes éloquents, énergiques ou adroits dans différents arts, des hommes capables de prévoir l'avenir, d'une grande persévérance ou d'une dévotion sans faille, d'une humeur égale, libéraux, aimant leurs parents, ayant du goût pour la vie en société, en bonne santé, sachant boire, aimant les femmes mais ne livrant jamais la totalité de leur cœur, jouissant de leur indépendance financière, ni envieux ni soupçonneux ; enfin, des hommes que l'on dit d'un commerce agréable et qui outre certaines des qualités déjà citées, ajouteront celles de l'amant expert et infatigable.
Elle évitera, de fréquenter des hommes atteints de maladie ou en mauvaise santé, ainsi que des sorciers, ou des êtres corrompus, avares, cruels, ou excessivement pudibonds, mais aussi des hommes aimant sincèrement leur femme.
Une règle absolue veut qu'elle ne sacrifie jamais d'argent pour son amant, attendu que l'argent est la principale chose qu'elle a en vue. Mais, dans les cas de crainte, entre autres, elle pourra avoir égard à la force et aux autres qualités de son amant. Elle prendra garde de ne jamais accepter d'emblée une proposition, les hommes ayant une forte propension à mépriser les conquêtes trop faciles. À ces occasions, elle enverra d'abord les masseurs, chanteurs ou bouffons qu'elle peut avoir à son service, ou, à défaut, un confident ou d'autres de ses amis, pour prendre la mesure des sentiments et de l'état d'esprit du prétendant.
Contrairement à d'anciens auteurs qui estimaient que la courtisane était motivée par une foule de raisons – amour, crainte, argent, plaisir, désir de se venger, curiosité, chagrin, habitude, Dharma, célébrité, compassion, désir d'avoir un ami et protecteur, envie de rompre avec un autre, affinités sexuelles avec l'homme, voisinage, constance ou pauvreté –, Vatsyayana s'en tient à deux principales : le désir d'échapper à la misère, soit la recherche du bien-être, et l'amour.
Il y a aussi, sur ce sujet, des versets dont voici le texte :
« Lorsqu'un galant se présente chez elle, la courtisane doit lui donner un mélange de feuilles de bétel et de noix de bétel, des guirlandes, des fleurs et des onguents parfumés ; puis, en lui montrant son adresse dans les arts, tenir avec lui une longue conversation. Elle doit aussi lui donner des présents d'amour, échanger avec lui différents objets, et, en même temps, lui faire voir son expérience dans les exercices sexuels. Une fois unie de la sorte avec son amant, la courtisane doit s'étudier à lui être toujours agréable par des dons amicaux, par sa conversation et par son habileté à varier les modes de jouissance. »

Une règle absolue veut qu'elle ne sacrifie jamais d'argent pour son amant.

DES MOYENS DE SOUTIRER DE L'ARGENT

L'argent s'obtient d'un amant de deux façons, à savoir : par moyens naturels et légaux, et par artifices. De vieux auteurs sont d'avis que, si une courtisane peut tirer de son amant autant d'argent qu'il lui en faut pour ses besoins, elle ne doit pas user d'artifices. Mais Vatsyayana établit que, si elle peut obtenir de l'argent par des moyens naturels, en usant d'artifices elle obtiendra le double, et conséquemment elle aura recours à l'artifice pour lui extorquer de l'argent de toute manière.
Or les artifices à employer pour tirer de l'argent d'un amoureux sont les suivants : lui demander de l'argent à différentes occasions, pour acheter certains articles, tels qu'ornements, nourritures, boissons, fleurs, parfums et vêtements, et ne pas les acheter ou les acheter au coût le plus bas ; lui vanter son intelligence ; se prétendre obligée de faire des cadeaux à l'occasion de festivals ayant pour sujet des vœux, des arbres, des jardins, des temples ou des réservoirs ; prétendre qu'en allant chez lui les gardes du roi, ou des voleurs, lui ont pris ses bijoux ; alléguer que sa propriété a été détruite par le feu, par l'effondrement de sa maison, ou par la négligence de ses domestiques ; ajouter que dans le sinistre elle a perdu les bijoux qu'il lui avait donnés, ainsi que les siens ; lui faire dire, par des tiers, les frais que lui coûtent ses déplacements pour aller le voir ; contracter des dettes au nom de son amant ; se quereller avec sa mère au sujet de quelque dépense faite par elle pour son amant, et qui n'était pas approuvée par la mère ; refuser d'aller aux fêtes sous prétexte de n'avoir rien à y gagner ; entretenir des ministres et des artistes ; assister ses amis et bienfaiteurs, soit à l'occasion de fêtes, soit dans l'infortune ; participer aux travaux domestiques ; prétendre avoir à régler les frais de mariage du fils d'une amie ou devoir satisfaire des envies durant une grossesse ; s'inventer une maladie dont elle surchargera la note du traitement ; vouloir aider un ami ; vendre quelques-uns de ses bijoux pour faire un cadeau à son amant ; faire semblant de vendre une partie de ses bijoux et de ses meubles, ou de ses ustensiles de cuisine, à un marchand qui sera son complice ; rappeler à son amant ses premières libéralités et le lui faire savoir haut et fort ; lui faire connaître les profits considérables réalisés par d'autres courtisanes ; refuser de renouer avec d'anciens amants sans oublier cependant d'insinuer que les rivaux de l'amant actuel sont très généreux.
Ainsi finissent les moyens de gagner de l'argent.

Si elle peut obtenir de l'argent par des moyens naturels, en usant d'artifices elle obtiendra le double.

DE LA RUPTURE

Une femme doit toujours reconnaître l'état d'esprit, les sentiments et la disposition de son amant à son égard, d'après les changements de son caractère, sa contenance et la couleur de son visage.

La conduite d'un amant qui se refroidit est la suivante : il donne à la femme moins que ce qui est nécessaire à ses besoins, ou, parfois, autre chose que ce qu'elle demande ; il la tient en haleine par des promesses ; il annonce qu'il fera une chose et en fait une autre, ou oublie ce qu'il avait promis ; il ne la satisfait pas sexuellement ; il s'entretient avec ses propres domestiques d'une façon mystérieuse ; il passe la nuit chez une autre, sous prétexte d'aller rendre visite à un ami ; enfin, il parle en particulier avec les suivantes d'une femme qu'il connaissait précédemment.

Or, quand une courtisane s'aperçoit d'un changement dans les dispositions de son amant, elle doit mettre la main sur tout ce qu'elle possède de plus précieux avant qu'il ne puisse soupçonner ses intentions. Ensuite, si l'amant est riche, et s'il ne lui a jamais fait de mal, elle devra conserver de bons rapports avec lui ; dans le cas contraire, s'il est pauvre, elle s'en débarrassera comme si elle ne l'avait jamais connu, utilisant d'innombrables artifices tous destinés à se rendre désagréable à ses yeux, ou même odieuse : elle se moquera de ses habitudes, de ses manies, de ses défauts ; rira hors de propos, traitera de sujets qui lui sont étrangers, méprisera son savoir, recherchera la compagnie d'hommes supérieurs en sagesse ; se montrera distante face à ses désirs érotiques, affirmera que les marques d'ongles et de griffes qu'il lui a faites l'ont humiliée, demeurera distante lorsqu'il la prendra dans ses bras, lui refusera sa bouche, l'empêchera de lui caresser le ventre, décidera de faire chambre à part, ou de sortir s'amuser quand il la désire dans la journée, voudra qu'il la prenne quand il est fatigué, le traitera d'impuissant, se moquera de son attachement ; elle imitera ses gestes et sa façon de parler, prendra à témoin ses serviteurs quand il ouvrira la bouche, échangera des clins d'œil avec les personnes présentes, affectera de ne pas le voir quand il s'approche, fera mine de ne pas comprendre ce qu'il dit, confiera ses petits secrets à la ronde, prétendant qu'une servante les lui a révélés, lui demandera des choses qu'il est bien en peine de donner, et finira par le congédier.

L'amant dépité n'aura plus qu'à méditer ces versets :

« Les femmes ne sont presque jamais connues sous leur vrai jour, soit qu'elles aiment les hommes, ou qu'ils leur deviennent indifférents ; qu'elles leur procurent de la jouissance, ou les abandonnent ; ou qu'elles réussissent à en tirer toute la fortune qu'ils possèdent. »

Elle se montrera distante face
à ses désirs érotiques.

DES ANCIENS AMANTS

Lorsqu'une courtisane abandonne son amant après lui avoir soutiré sa fortune, elle doit penser à renouer avec un ancien amant, à condition que celui-ci soit devenu riche, ou qu'il lui reste de la fortune, et qu'il lui soit encore attaché. S'il arrive que cet homme, à ce moment, vive avec une autre femme, elle réfléchira soigneusement à la situation.

Un tel homme ne peut être que dans l'une des six positions suivantes :

a) il a quitté la première femme de son propre mouvement, et peut même en avoir quitté une autre depuis ; b) il peut avoir été éconduit par les deux femmes ; c) il peut avoir quitté l'une des deux femmes et avoir été éconduit par l'autre ; d) il peut avoir quitté l'une des deux femmes et vivre avec l'autre ; e) il peut avoir été éconduit par l'une, et avoir quitté l'autre de son propre mouvement ; f) il peut avoir été éconduit par l'une des femmes et vivre avec une autre.

Sa ligne de conduite variera donc.

a) Il n'y a pas lieu d'aller le retrouver, vu l'inconstance de son esprit et son indifférence pour les qualités de ces deux femmes.

b) S'il a été éconduit par la dernière femme dans l'espoir qu'avait celle-ci de tirer plus d'argent d'un autre homme, alors il faut aller le retrouver : car, s'il est encore attaché à la première, il lui donnera plus d'argent, par vanité, et pour dépiter l'autre femme. Mais, s'il en a été éconduit pour sa pauvreté ou son avarice, il n'y a pas lieu de le retrouver.

c) S'il consent à revenir à la première, celle qu'il a volontairement quittée, et lui donne d'avance beaucoup d'argent, il y a lieu de l'accueillir.

d) La première, si elle désire le reprendre, doit d'abord s'assurer s'il l'a quittée dans l'espoir de trouver chez l'autre femme quelque qualité exceptionnelle, et si, n'ayant pas trouvé ce qu'il espérait, il est disposé à lui revenir et à lui donner beaucoup d'argent, en considération de sa conduite et de l'affection qu'il a encore pour elle.

Ou bien, si, ayant découvert maints défauts chez l'autre femme, il a une tendance à trouver maintenant chez la première plus de qualités même qu'elle n'en a réellement, et s'il est disposé à lui donner beaucoup d'argent pour ces qualités.

Ou enfin, elle examinera si c'est un homme faible, ou qui aime à jouir de beaucoup de femmes, ou qui aimait une femme pauvre, ou qui n'a jamais rien fait pour la femme avec laquelle il vivait. Tout cela bien considéré, elle s'adressera ou non à lui, selon les circonstances.

e) Quant à l'homme qui peut avoir été éconduit par l'une et avoir quitté volontairement

Il n'y a pas lieu d'aller le retrouver,
vu l'inconstance de son esprit.

l'autre, la première, si elle désire le reprendre, devra d'abord s'assurer s'il a encore de l'affection pour elle et si, en conséquence, il dépenserait pour elle beaucoup d'argent ; ou si, tout en aimant ses excellentes qualités, il a cependant du goût pour une autre femme ; ou si, ayant été éconduit par elle avant d'avoir complètement satisfait ses désirs sexuels, il ne désire pas lui revenir dans le but de venger l'injure qu'il en a reçue ; ou encore, s'il ne désire pas lui inspirer confiance, et lui reprendre alors la fortune qu'elle lui a soutirée, et finalement la ruiner ; ou, enfin, s'il n'a pas l'intention de la faire rompre avec son amant et de briser ensuite lui-même. Si, tout cela considéré, elle croit que ses intentions sont réellement pures et honnêtes, et seulement dans ce cas, elle peut contracter avec lui une nouvelle union.

f) Dans le cas où l'homme aurait été éconduit par une femme et vivrait avec une autre, s'il fait des ouvertures pour revenir à la première, la courtisane réfléchira bien avant d'agir, et, pendant que l'autre femme sera occupée à se l'assurer, elle essaiera à son tour, tout en restant dans l'ombre, de le reconquérir, en se tenant les raisonnements suivants :

« il a été inconduit injustement et sans cause ; maintenant qu'il s'est adressé à une autre femme, je dois faire tous mes efforts pour le ramener à moi ; si seulement il causait une fois avec moi, je lui ferais quitter l'autre femme ; grâce à mon ancien amant, je rabaisserai l'orgueil de mon amant actuel ; il est devenu riche, occupe une belle position, remplit une charge élevée pour le roi ; il est séparé de sa femme ; il est maintenant indépendant ; il vit à part de son père ou de son frère ; en faisant la paix avec lui, je mettrai la main sur un homme très riche, que mon présent amant empêche seul de me revenir ; comme sa femme ne le respecte pas, je pourrai maintenant les brouiller ; l'ami de cet homme aime ma rivale, qui me déteste : ce sera l'occasion de séparer l'homme de sa maîtresse et, enfin, je jetterai sur lui du discrédit en le ramenant à moi, car je montrerai ainsi l'inconstance de son esprit. »

Lorsqu'une courtisane a décidé de reprendre un ancien amant, son secrétaire-confident ou d'autres domestiques iront lui dire que, s'il a été éconduit, c'est dû à la méchanceté de la mère ; que la fille l'aimait autant et plus que le premier jour, mais qu'elle a dû céder devant la volonté de sa mère ; qu'elle souffre de son union avec son présent amant, qu'elle déteste au possible. Ils chercheront, de plus, à lui inspirer confiance en lui parlant de son ancien amour pour lui, et feront allusion à telle ou telle marque de cet amour dont elle s'est toujours souvenue, marque qui évoquera une sorte de plaisir qu'il aura pu pratiquer, comme sa manière de prendre ses lèvres ou de coucher avec elle.

Ainsi finissent les moyens de former une nouvelle union avec un ancien amant.

Ce sera l'occasion de séparer l'homme de sa maîtresse et je montrerai ainsi l'inconstance de son esprit.

∽ DE LA COURTISANE EN ÉPOUSE MODÈLE ∽

Lorsqu'une courtisane vit avec son amant comme si elle était mariée, elle doit se conduire en femme chaste et le satisfaire en tout. Son devoir, en deux mots, est de lui donner du plaisir ; mais elle ne doit pas s'attacher à lui, bien qu'elle se conduise comme si elle lui était réellement attachée.

Voici de quelle manière elle devra procéder.

Elle aura une mère dépendante d'elle, qu'elle dira très âpre au gain, uniquement préoccupée d'amasser de l'argent. Si elle n'a pas de mère, elle fera jouer ce rôle à une vieille nourrice ou à une femme de confiance. La mère ou la nourrice, pour leur part, se montreront mal disposées pour l'amant, et lui retireront la fille de force. Quant à celle-ci, elle affectera, dans ces occasions, de la colère, de l'abattement, de la crainte et de la honte ; mais en aucun cas elle ne désobéira à la mère ou à la nourrice.

Elle dira à la mère ou à la nourrice que l'homme est atteint d'une indisposition, et, sous ce prétexte, elle ira le voir. Voici, de plus, les différentes choses qu'elle devra faire pour s'assurer la faveur de l'homme : elle enverra sa servante chercher des fleurs qui lui auront servi la veille, afin de s'en servir elle-même en signe d'affection ; elle demandera également le mélange de noix de bétel et de feuilles de bétel qu'il n'aura pas mangé ; elle exprimera son étonnement de l'expérience dont il aura fait preuve dans le commerce sexuel et dans les divers modes de jouissance qu'il aura employés ; elle apprendra de lui les soixante-quatre sortes de plaisirs énumérés par Babhravya ; pratiquera continuellement les moyens de jouissance qu'il lui aura enseignés, en se conformant à sa fantaisie ; gardera ses secrets ; lui confiera ses propres désirs et secrets ; dissimulera sa colère ; ne le négligera jamais au lit lorsqu'il tournera son visage de son côté ; touchera, suivant son caprice, une partie quelconque de son corps ; le baisera et l'embrassera pendant son sommeil ; le regardera d'un air d'anxiété lorsqu'il sera songeur, ou qu'il pensera à quelque autre objet qu'à elle-même ; ne montrera ni complète indifférence, ni excessive émotion, lorsqu'il la rencontrera ou que, de la rue, il la verra debout sur la terrasse de sa maison ; haïra ses ennemis, aimera ceux qui lui sont chers ; montrera du goût pour ceux qu'il aime ; sera gaie ou triste suivant qu'il le sera lui-même ; exprimera le désir de voir ses femmes ; ne restera pas longtemps en colère ; affectera de soupçonner que les marques et égratignures, faites par elle-même sur son corps avec ses ongles et ses dents, aient été faites par une autre ; ne manifestera pas son amour pour lui par des paroles, mais par des actes, des signes, des demi-mots ; restera silencieuse lorsqu'il sera endormi, ivre, ou malade ; écoutera attentivement le récit qu'il pourra

Elle ne doit pas s'attacher à lui, bien qu'elle se conduise comme si elle lui était réellement attachée.

faire de ses bonnes actions, et les répètera ensuite à sa louange ; lui répondra avec familiarité et gaieté lorsqu'elle le verra suffisamment familiarisé ; prêtera l'oreille à tout ce qu'il racontera, sauf à ce qui concernera ses rivales ; exprimera ses sentiments d'abattement et de chagrin s'il soupire, bâille ou s'évanouit ; s'il éternue, prononcera aussitôt les mots de « longue vie! » ; se prétendra malade, ou désireuse d'être enceinte, lorsqu'elle sentira de l'ennui ; s'abstiendra de louer les qualités de quiconque et de censurer ceux qui ont les mêmes défauts que son amant ; portera n'importe quel objet qu'il pourra lui avoir donné, mais évitera de revêtir ses ornements et s'abstiendra de manger lorsqu'il sera malade, souffrant, découragé, ou atteint de quelque malheur, le consolant et partageant avec lui son affliction ; demandera à l'accompagner s'il quitte le pays volontairement ou est banni par le roi ; exprimera le désir de ne pas lui survivre ; lui dira que le seul objet, le seul vœu de sa vie était d'être unie à lui ; mêlera son nom et celui de sa famille dans ses chansons ; s'assiéra sur ses genoux et s'y endormira ; voudra avoir un enfant de lui ; s'occupera de sa propre fortune autant que de la sienne ; s'abstiendra de paraître sans lui aux assemblées publiques ; se plaira à employer des choses qu'il aura déjà employées et à manger de la nourriture qu'il aura laissée ; respectera sa famille, son caractère, son habileté dans les arts, sa caste, ses amis, son pays natal, son naturel aimable ; lui dira que, dans l'autre monde, elle sera aussi sa maîtresse ; bref, réglera ses propres goûts et ses actions suivant son désir.

Si l'homme se met en route pour un voyage, elle lui fera jurer qu'il reviendra promptement, et, en son absence, négligera ses vœux d'adoration à la divinité, et ne mettra d'autres ornements que ceux qui portent bonheur. Si le temps fixé pour son retour est passé, elle essaiera d'en connaître l'époque réelle d'après certains présages, les propos de ses voisins, d'après la position des planètes, de la lune et des étoiles. Et, si elle se sent mélancolique, ou voit un mauvais présage, elle accomplira quelque cérémonie pour apaiser la divinité.

Lorsque l'homme sera de retour, elle adorera le dieu Kama, puis, s'étant fait apporter par ses amis un vase d'eau, elle honorera le corbeau qui mange les offrandes que nous faisons aux mânes de nos parents décédés. Après la première visite, elle priera son amant d'accomplir aussi certains rites, ce qu'il fera s'il lui est suffisamment attaché.

Or, on dit qu'un homme est suffisamment attaché à une femme lorsque son amour est désintéressé, qu'il a en vue le même objet que sa bien-aimée, qu'il est entièrement exempt de soupçons et qu'il ne compte pas avec elle en matière d'argent.

Telle est la manière de vivre d'une courtisane qui veut jouer le rôle de l'épouse. Il y a aussi, sur ce sujet, des versets dont voici le texte :

« L'étendue de l'amour des femmes n'est pas connue, même de ceux qui sont l'objet de leur affection, à cause de sa subtilité, et aussi de l'avarice et de la finesse naturelle du sexe féminin. »

Elle lui dira que le seul objet,
le seul vœu de sa vie était d'être unie à lui.

DIVERTISSEMENTS DES FEMMES DU HAREM

Les femmes du harem royal ne peuvent voir ni rencontrer aucun homme, tant elles sont strictement gardées ; et leurs désirs ne sauraient d'ailleurs être satisfaits, leur unique mari étant commun à tant de femmes. Pour cette raison, elles se donnent entre elles du plaisir de différentes façons, ainsi qu'il va être dit. Elles habillent en hommes les filles de leurs nourrices, ou leurs amies, ou leurs servantes, et accomplissent alors leur objet au moyen de bulbes, racines, et fruits qui ont la forme du *lingam* ; ou bien elles se couchent sur une statue dont le *lingam* est apparent ou en érection.

Certains rois compatissants prennent des médicaments qui leur permettent de jouir de plusieurs femmes dans la même nuit, quoique, peut-être, ils n'y soient guère portés de leur propre mouvement. D'autres jouissent avec celles de leurs femmes seulement qui ont leur préférence ; d'autres enfin prennent chacune de leurs femmes à tour de rôle, régulièrement. Tels sont les moyens qui prévalent dans les contrées de l'Est, et ce qui est dit de la jouissance de la femme est aussi applicable à l'homme.

Toutefois, par l'entremise de leurs servantes, les dames du harem royal reçoivent assez souvent dans leurs appartements des hommes déguisés en femmes. Leurs servantes et les filles de leurs nourrices, qui sont au fait de tous les secrets du lieu, ont pour mission d'engager des hommes à pénétrer ainsi dans le harem, en leur parlant de la bonne fortune qui les y attend, des facilités d'entrée et de sortie, de la grande étendue du palais, de la négligence des sentinelles, et de la condescendance des surveillants pour la personne des épouses royales. Mais ces femmes ne doivent jamais, au moyen de mensonges, décider un homme à entrer dans le harem, car ce serait probablement occasionner sa perte.

Quant à l'homme lui-même, il fera mieux de renoncer à pénétrer dans le harem, si aisé qu'en soit l'accès, à cause des nombreux désastres auxquels il s'y trouvera exposé. Si cependant il veut y entrer, il doit premièrement s'assurer qu'il possède une sortie facile, qu'il est partout entouré du jardin d'agrément, qu'il y a différents compartiments qui en dépendent, que les sentinelles sont négligentes, que le roi en est absent ; alors, seulement, au moment où les femmes du harem lui font signe, il observera soigneusement les lieux et entrera par le chemin qui lui sera indiqué. Si la chose lui est possible, il rôdera chaque jour autour du harem, se familiarisera, sous un prétexte ou sous un autre, avec les sentinelles, et se montrera aimable pour les servantes du harem qui pourront connaître ses desseins, et auxquelles il exprimera son regret de ne pouvoir

Les dames du harem royal reçoivent assez souvent dans leurs appartements des hommes déguisés en femmes.

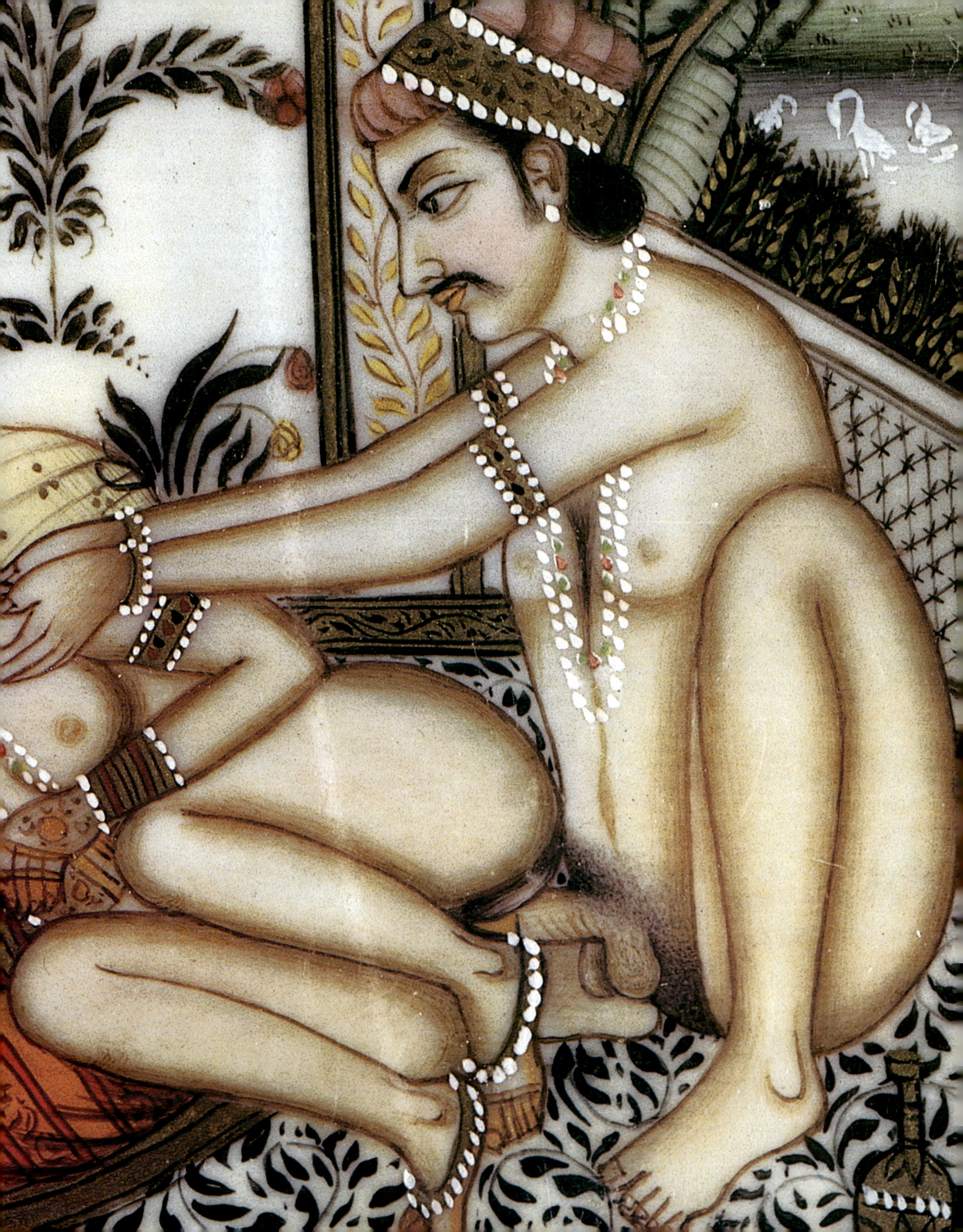

encore atteindre le but de ses désirs. Enfin, il laissera tout l'office d'entremetteuse à la femme qui aura accès au harem, et il apprendra à reconnaître les émissaires du roi.

S'il n'y a pas d'entremetteuse qui ait accès au harem, l'homme se tiendra en quelque endroit d'où il puisse voir la femme qu'il aime et qu'il désire posséder.

Si cet endroit est occupé par les sentinelles du roi, il se déguisera en servante de la dame qui vient dans ledit endroit, ou qui y passe. Lorsqu'elle le regardera, il lui fera connaître ses sentiments par des signes et gestes extérieurs, et lui montrera des peintures, des objets à double sens, des chapelets de fleurs, des anneaux. Il notera soigneusement la réponse qu'elle lui fera, par mots ou par signes ou gestes, et tentera alors sa chance. S'il est certain qu'elle doit venir en quelque lieu particulier, il s'y cachera, et, au moment voulu, entrera avec elle mêlé à ses gardes. Il peut aussi aller et venir, caché dans un lit replié, ou dans une couverture de lit. Ou, mieux encore, il se rendra le corps invisible, au moyen d'applications extérieures : ici, on explique qu'il s'agit de brûler ensemble le cœur d'un ichneumon, le fruit de la courge longue et les yeux d'un serpent, dont on broiera les cendres que l'on s'appliquera sur les yeux, mêlées à une égale quantité d'eau.

L'entrée des jeunes gens dans le harem et leur sortie ont généralement lieu quand on introduit des objets dans le palais, ou qu'on en fait sortir, ou au moment des festivals à boire, ou lorsque les surveillantes sont harassées de travail, ou lorsqu'une des épouses royales change de résidence, ou lorsque les femmes du roi vont aux jardins et aux foires, ou lorsqu'elles rentrent au palais, ou, enfin, lorsque le roi est parti pour un long pèlerinage. Les femmes du harem royal connaissent les secrets les unes des autres, et, n'ayant qu'un seul objet en vue, leur propre plaisir, elles se prêtent mutuellement assistance. Un jeune homme qui les possède toutes, et qui leur est commun à toutes, peut continuer à en jouir aussi longtemps que la chose reste secrète et quelle ne transpire pas en dehors du harem.

L'homme se tiendra en quelque endroit d'où il puisse voir la femme qu'il aime et qu'il désire posséder.

LA FEMME IDÉALE

Les Indiens divisaient les femmes en quatre classes, en fonction de leurs caractères physiques et moraux.

Le type parfait est la *padmini* ou femme-lotus ; il n'est sorte d'avantages qu'on ne lui attribue. En voici le résumé.

Elle est belle comme un bouton de lotus, comme Rathi (la Volupté). Sa taille svelte contraste heureusement avec l'amplitude de ses flancs ; elle a le port du cygne, elle marche doucement et avec grâce.

Son corps souple et élégant a le parfum du santal ; il est naturellement droit et élancé comme l'arbre de Ciricha, lustré comme la tige du mirobolam.

Sa peau lisse, tendre, est douce au toucher comme la trompe d'un jeune éléphant. Elle a la couleur de l'or et elle étincelle comme l'éclair.

Sa voix est le chant du kokila mâle captivant sa femelle ; sa parole est de l'ambroisie.

Sa sueur a l'odeur du musc. Elle exhale naturellement plus de parfum qu'aucune autre femme : l'abeille la suit comme une fleur au doux parfum de miel.

Ses cheveux soyeux, longs et bouclés, odorants par eux-mêmes, noirs comme les abeilles, encadrent délicieusement son visage semblable au disque de la pleine lune, et retombent en torsades de jais sur ses riches épaules.

Son front est pur ; ses sourcils bien arqués sont deux croissants ; légèrement agités par l'émotion, ils l'emportent sur l'arc de Kama.

Ses yeux bien fendus sont brillants, doux et timides comme ceux de la gazelle, et rouges aux coins. Aussi noirs que la nuit au fond de leurs orbites, leurs prunelles étincellent comme des étoiles dans un ciel sombre. Ses cils longs et soyeux donnent à son regard une douceur qui fascine.

Son nez pareil au bouton du sésame est droit, puis s'arrondit comme un bec de perroquet.

Ses lèvres voluptueuses sont roses comme un bouton de fleur qui s'épanouit, ou rouges comme les fruits du bimba et le corail.

Ses dents blanches comme le jasmin d'Arabie ont l'éclat poli de l'ivoire ; quand elle sourit, elles se montrent comme un chapelet de perles montées sur corail.

Son cou rond et poli ressemble à une tour d'or pur. Ses épaules s'y joignent par de fines attaches, ainsi qu'à ses bras bien modelés, semblables à la tige du manguier, et qui se terminent par deux mains délicates pareilles chacune à un rameau de l'arbre acoka.

Sa taille svelte contraste heureusement avec l'amplitude de ses flancs. Son corps souple et élégant a le parfum du santal.

Ses seins amples et fermes ressemblent aux fruits du vilva ; ils se dressent comme deux coupes d'or renversées et surmontées du bouton de la fleur du grenadier.
Ses reins bien cambrés ont la souplesse du serpent ; ils se fondent harmonieusement avec ses fesses et ses larges hanches qui ressemblent au corsage de la colombe verte.
Son *jadgana*, pur et délicatement arrondi, laisse apercevoir un ombilic profond et luisant comme une baie mûre. Trois plis gracieux s'accusent à sa taille comme une ceinture au-dessus de ses hanches.
Ses fesses sont merveilleuses ; c'est une *nitambini* (femme callipyge).
Comme le lotus épanoui à l'ombre d'une tendre motte d'herbe kusha, son petit *yoni* s'ouvre mystérieusement sous le pubis ombragé d'un voile velu large de six pouces.
Sa semence d'amour est parfumée comme le lys qui vient d'éclore, ses cuisses rondes, fermes, potelées, ressemblent à la tige polie d'un jeune bananier.
Ses pieds petits et mignons se joignent finement à ses jambes : on dirait deux lotus.
Quand elle se baigne dans un étang sacré, par toutes sortes de jeux elle réveille l'amour : les dieux se troubleraient à la voir jouer dans l'eau.
Des perles tremblent à ses oreilles ; sur son sein repose un collier de pierres précieuses ; elle a, mais en petit nombre, des ornements aux bras et aux chevilles.
Elle aime les vêtements blancs, les blanches fleurs, les beaux bijoux et les riches costumes. Elle porte un triple vêtement de mousseline rayée.
Délicate comme la feuille du bétel, elle aime les aliments doux, purs, légers ; elle mange peu et dort d'un sommeil léger.
Elle connaît bien les trente-deux modes musicaux de Radha ; aussi bien que l'amante de Krishna, elle chante harmonieusement en s'accompagnant de la vina, qu'elle touche avec grâce de ses doigts effilés et agiles.
Quand elle danse, ses bras aux mouvements souples et harmonieux s'arrondissent en courbes gracieuses, et semblent parfois vouloir dérober aux regards ses merveilleux appats, car sa pudeur est extrême.
Elle a une conversation agréable, son sourire répand la béatitude : elle est espiègle et pleine d'enjouement dans les plaisirs.
Elle excelle dans les œuvres qui lui sont propres.
Elle fuit la société des malhonnêtes gens et accomplit scrupuleusement ses devoirs ; le mensonge lui est inconnu.
Elle vénère et adore les brahmanes, son père et les dieux ; elle recherche la société et la conversation des brahmanes ; elle est libérale envers eux et charitable aux pauvres.
Pour ceux-ci elle épuiserait le trésor de son mari.
Elle se plaît avec son époux et sait exciter ses désirs par des caresses.
Le dieu d'amour trouverait un superbe plaisir à reposer près d'elle.
Son affection pour son époux est extrême, et elle n'aura pour aucun autre une pareille

Quand elle se baigne dans un étang sacré,
par toutes sortes de jeux elle réveille l'amour.

tendresse. Elle est affectueuse dans toutes ses paroles et absolument dévouée à son mari. Elle est parfaite en tous points.

Après la *padmini* vient la *chitrini,* ou la femme habile.

La *chitrini* a l'esprit mobile, l'humeur légère, essentiellement folâtre. Son œil ressemble au lotus, sa gorge est ferme ; ses cheveux tressés en une seule natte retombent sur ses riches épaules comme de noirs serpents ; sa voix a la douceur de l'ambroisie ; ses hanches sont minces, ses cuisses douces et polies ont la rondeur de la tige de bananier ; sa démarche est celle d'un éléphant en gaieté ; elle aime le plaisir, sait le faire naître et le varier.

La *hastini* (femme-éléphant) occupe le troisième rang.

Elle a une abondante chevelure qui brille et se déroule en longues boucles soyeuses, son regard troublerait le dieu d'amour et ferait rougir les bergeronnettes. Le corps de cette femme gracieuse ressemble à une liane d'or, ses pendants d'oreille sont garnis de pierreries et ses vêtements sont chargés de fleurs. Ses seins fermes et rebondis ressemblent à une couple de vases d'or.

Le dernier type est la *sankhini* (la truie).

Ses cheveux sont nattés et roulés sur la tête ; sa face qui exprime la passion est difforme : son corps ressemble à celui d'un porc. On la dirait toujours en colère, toujours elle gronde et grogne.

Ses seins et son ventre exhalent l'odeur du poisson.

Elle est malpropre de sa personne, mange de tout et dort à l'excès. Ses yeux ternes sont toujours chassieux.

Quatre sortes d'hommes correspondent à ces quatres sortes de femmes.

À la *padmini,* l'*homme-lièvre*, c'est-à-dire actif et éveillé.

À la *chitrini,* l'*homme-cerf,* celui qui recherche l'affection dans le commerce amoureux.

À la *hastini,* l'*homme-taureau*, c'est-à-dire qui a la force et le tempérament de cet animal.

À la *sankhini,* l'*homme-cheval,* celui qui a la vigueur et la fougue de l'étalon.

Il existe, disent les poètes, une *padmini* sur dix millions de femmes, une *chitrini* sur dix mille, une *hastini* sur mille ; la *sankhini* se trouve partout.

Elle a l'esprit mobile, l'humeur légère :
elle aime le plaisir, sait le varier.

ACCESSOIRES SEXUELS

Les *apadravyas*, ou accessoires sexuels, sont destinés à remédier à un membre trop court ou défaillant, ou à augmenter le plaisir sexuel de la femme. On les fixe sur le *lingam*, ou autour, ce qui augmente sa longueur ou son épaisseur et permet de mieux remplir le *yoni*. Ils peuvent être faits en or, argent, cuivre, fer, ivoire, corne de buffle, bois divers, étain ou plomb, mais doivent impérativement être doux, procurer une sensation de fraîcheur et ne pas nuire à l'érection.

Le *brassard* doit être de la même longueur que le *lingam*. Sa surface sera rugueuse, garnie de petites saillies hémisphériques, de manière à former une lime à frottement doux qui n'use pas.

Le *couple* est formé de deux brassards.

Le *bracelet*, fait de trois brassards qui, réunis, font la longueur du *lingam*.

Le *bracelet simple* est formé d'un simple fil métallique enroulé autour du *lingam*.

Le *kantuka*, ou *jalaka*, est un tube comportant deux embouchures, percé d'un trou sur chaque côté permettant de l'attacher à la ceinture ; sa surface est parsemée de bosses douces au toucher ; ses dimensions correspondent à celle du *yoni*.

À défaut, on utilisera un tube taillé dans du bois de pommier, ou la tige tubulaire d'une courge, ou un roseau amolli à l'aide d'huile ou d'onguent ; on se l'attachera à la ceinture à l'aide de cordons. Des petits anneaux de bois poli placés autour du sexe peuvent aussi être utiles.

Les populations du sud de l'Inde pratiquent le percement du sexe à travers la peau du prépuce, ce qui permet d'y accrocher divers accessoires destinés à accroître le plaisir. Cela fait, après avoir laissé la plaie perdre son sang dans l'eau, il est recommandé de faire l'amour toute la nuit pour la nettoyer. Après cela, on continuera à laver le trou avec des décoctions et on l'agrandira en y introduisant des petits morceaux de roseau. Dans l'orifice, on peut placer nombre d'accessoires, de formes diverses, souples ou durs, qui accroissent le plaisir.

Les accessoires sexuels doivent impérativement être doux.

CONCLUSION

Après l'exposé des techniques pour développer le *lingam,* et d'innombrables recettes destinées à agrandir ou contracter le *yoni,* à faire pousser les cheveux ou à influencer les rapports entre amants, l'auteur nous livre sa conclusion :

« Mes *Kama Sutra* sont le fruit de mes lectures de divers anciens traités sur l'amour et de ma propre expérience. Celui qui connaît bien les véritables principes de cette science n'agit pas simplement au gré de sa fantaisie. Cet ouvrage n'a pas été fait pour servir de simple instrument à la satisfaction du désir. Celui qui, possédant les principes de cette science, cultive avec soin Dharma (la vertu), Artha (la richesse) et Kama (l'amour), sans devenir l'esclave de ses passions, celui-là réussira dans tout ce qu'il entreprendra. »

Textes adaptés par Bernard Cucchi

Ouvrage conçu et réalisé par Copyright pour les éditions Solar

Conception graphique : Ute-Charlotte Hettler (Copyright)
Mise en page : Christelle Duhaut
Iconographie et coordination éditoriale : Lara Gass
Copyright remercie pour son concours M. Serge Laget.

Les photographies de cet album sont de :

J.-L. Charmet : p. 20, p. 21, p. 30, p. 37, p. 46, p. 49, p. 61, p. 67, p. 81, p. 99 ;
Explorer : p. 10 (C. Lenars) ; p. 29 (J.-M. Steinlein) ; p. 85 (A. Thomas) ;
p. 109 (Berthoule) ; p. 63 (J.-L. Charmet) ; p. 27, p. 39, p. 41, p. 78, p. 87, p. 97,
p. 105, p. 108, p. 113, p. 115, p. 119 (J.-L. Nou) ;
Giraudon : p. 9, p.13, p. 17, p. 23, p. 51, p. 52, p. 55, p. 56, p. 59, p. 69, p. 77,
p. 101, p. 102 (Bridgeman) ; p. 73 (Lauros) ;
G. Jeanneau : p. 42 ;
D. R. : p. 7 ;
Réunion des musées nationaux : p. 15, p. 19, p. 24, p. 45, p. 74, p. 89,
p. 93, p. 111 (Musée Guimet, Paris) ;
Sipa Press : p. 33, p. 35, pp. 64-65, p. 70, pp. 82-83, p. 91, p. 95, pp. 106-107,
p. 117, p. 118, p. 119 (P. Cinello).

Photographie de la couverture : **D.R.**
Photographie de la quatrième de couverture : **Réunion des musées nationaux**
(Musée Guimet, Paris).
Illustration fond de la couverture : **British Museum, Londres.**